学·研·文·库

交替传译信息缺失与补偿研究

方 菊 | 著

图书在版编目（CIP）数据

交替传译信息缺失与补偿研究/ 方菊著. -- 北京：
中央编译出版社，2019.8
ISBN 978-7-5117-3705-2

Ⅰ. ①交…
Ⅱ. ①方…
Ⅲ. ①英语—口译—研究
Ⅳ. ①H315.9

中国版本图书馆CIP数据核字（2018）第300357号

交替传译信息缺失与补偿研究

出 版 人：葛海彦
责任编辑：杜永明
执行编辑：纪宛伯
责任印制：刘　慧
出版发行：中央编译出版社
地　　址：北京西城区车公庄大街乙5号鸿儒大厦B座（100044）
电　　话：（010）52612345（总编室）　　（010）52612339（编辑室）
（010）52612316（发行部）　　（010）52612346（馆配部）
传　　真：（010）66515838
经　　销：全国新华书店
印　　刷：三河市华东印刷有限公司
开　　本：710毫米×1000毫米　1/16
字　　数：150千字
印　　张：12.5
版　　次：2019年8月第1版
印　　次：2019年8月第1次印刷
定　　价：68.00元

网　　址：www.cctphome.com　　邮　箱：cctp@cctphome.com
新浪微博：@中央编译出版社　　　　微　信：中央编译出版社（ID：cctphome）
淘宝店铺：中央编译出版社直销店（http://shop108367160.taobao.com）（010）55626985

本社常年法律顾问：北京市吴栾赵阎律师事务所　　闫军　梁勤
凡有印装质量问题，本社负责调换，电话：（010）55626985

目 录
CONTENTS

第一章 绪论 ………………………………………………………… 1
 一、研究背景 ………………………………………………… 2
 二、研究问题与意义 ………………………………………… 17
 三、研究过程与方法 ………………………………………… 20
 四、本书结构 ………………………………………………… 23

第二章 概念框架 …………………………………………………… 25
 一、引言 ……………………………………………………… 25
 二、交替传译概念界定与分类 ……………………………… 25
 三、交替传译能力内涵及体现维度 ………………………… 29
 四、口译信息研究 …………………………………………… 33
 五、本书概念框架 …………………………………………… 41

第三章 文献综述 …………………………………………………… 43
 一、引言 ……………………………………………………… 43
 二、口译信息加工过程研究 ………………………………… 43
 三、信息缺失研究概述 ……………………………………… 64

四、口译补偿研究发展 …………………………… 67
　　五、本章小结 ……………………………………… 72

第四章　研究方法、研究设计与实验流程 ……………… 73
　　一、引言 …………………………………………… 73
　　二、研究对象 ……………………………………… 75
　　三、研究方法与研究设计 ………………………… 79
　　四、实验流程与数据采集 ………………………… 85
　　五、研究信度与效度 ……………………………… 103
　　六、研究伦理 ……………………………………… 104
　　七、本章小结 ……………………………………… 105

第五章　数据分析与讨论 ………………………………… 107
　　一、引言 …………………………………………… 107
　　二、模拟交替传译实验结果分析 ………………… 107
　　三、调查问卷结果分析 …………………………… 115
　　四、有提示回忆结果分析 ………………………… 125
　　五、学生译员自评报告结果分析 ………………… 129
　　六、职业译员译后访谈结果分析 ………………… 133
　　七、质量评估小组的评估结果分析 ……………… 135
　　八、研究问题数据结果与讨论 …………………… 137
　　九、本章小结 ……………………………………… 145

第六章　结论 ·· 147
　一、引言 ·· 147
　二、本书的贡献 ······································ 148
　三、本书的局限性 ···································· 149
　四、对未来研究的启示 ································ 151

参考文献 ·· 153

附　录 ·· 166
　附录1　实验材料源语讲话稿 ························· 166
　附录2　实验材料参考译文 ··························· 172
　附录3　调查问卷 ··································· 176
　附录4　语料标记符号 ······························· 178
　附录5　实验材料转写加标注范例 ····················· 179
　附录6　半结构访谈提纲 ····························· 181
　附录7　口译质量评估表格 ··························· 182
　附录8　学生译员自评报告范例 ······················· 183

第一章 绪论

口译活动区别于其他翻译活动最显著的特点在于其"即时性",即译员要一次性地听取源语信息,进行信息听辨、信息意义的表征与理解、信息暂时储存、译语组织与计划、译语信息表达与监控等一系列的加工任务,从而完成信息的传递。因此,对信息的保持与处理能力对译员至关重要。

会议口译最为常用的两种形式是同声传译(Consecutive Interpreting, CI)和交替传译(Simultaneous Interpreting, SI)。交替传译也被称为连续口译、即席口译、即席传译,简称"交传"或"连传",是指讲话人与译员交替进行"讲话"。因为译员是与源语发言人"交替"发言,因而得名。交替传译由于其易于操作、方式灵活、相对费用较低、方便沟通等特点,在口译实践中颇受欢迎。而在教学实践中,交替传译的教学也通常会被视作会议口译学习的首要阶段,有人视之为基础阶段。由此可见,交替传译在口译实践和口译教学中的重要性。

一、研究背景

定义和解释译员职业能力的认知构成是现代口译认知研究的主要趋势之一。此类研究对提高译员培训水平和效率具有重大意义,到目前为止该领域的系统研究相对来说还比较少。

时至今日,信息处理研究可谓日新月异。研究者以口译为载体,对信息类型、信息处理深度和大脑侧化的研究也逐渐深入,丹尼尔·吉尔(Daniel Gile)对不同口译交际环境下的信息类型进行了区分。他判断不同会议的信息难度是以信息的技术性能和信息量为参数来进行的。以信息的时间流动特征和互动性为标准来标识不同交际环境下信息流的特点。这种区分对于译员高效率完成翻译任务具有重要意义。译员可以根据不同口译环境下的信息和信息流的特征进行有针对性的准备,以提高自己现场的口译技能。在对口译信息处理的研究中,对口译过程中信息处理深度的研究逐步深入。

信息过滤理论的创始人唐纳德·布劳德本特(Donald Broadbent)认为:两个共时信息可以在非过滤的状态下,在所有感觉录入系统内得到处理。但在过滤过程中,为了避免有限的信息处理能力过载,两者将按序依次进行。心理词库的提出者特雷斯曼(Treisman)认为:两个共时信息只有在不依赖于同一个分析机制时才有可能被同步处理。当同一机制同时面临两个任务时,按序依次进行是必然的。奈瑟尔(Neisser)与前两者不同,他认为信息的并行处理是在"预注意层面"自动进行的。在这种自动态势下,信号的分析处理层次比较浅,所需的精力和注意力也比较少，由此另一个共时信息的并行处理将成为可能。多伊奇（Deutsch）以及诺曼(Norman)都主张两个共时输入信息可以在所有的感知分析层面进行。但是，信息是否进入意识或筛选层面是由一个"瓶颈"来控制和决定的。信息的并行处理是口译认知过程模式化的困难之一，所有的口译信息处理模式都必须预见一个能共时储存或并行处理信息的特殊机制。

克雷克（Craik）和洛克哈特（Lockhart）这两位心理学家认为，认知心理学所说的长时记忆和短时记忆，实际上是大脑认知机制对信息进行不同程度的编码处理的功能体现。换言之，人在输入信息编码的处理深度将决定此信息在大脑中的驻留时间。所以，对于在人的大脑中驻留时间长的信息，就还要输入相对比较多的语义认知知识或者分析。因此，有人将信息处理深度定义为"输入信息所经过的一系列等级式的处理阶段"。

兰伯特（Lambert）用实验法来研究口译信息处理深度。通过实验，他比较了同声传译、交替传译、跟读练习和听力练习四种任务后，译员对信息的记忆能力。实验的结果如下：对译员的信息记忆能力影响最大的是跟读练习，其次是同声传译、交替传译，排在最后的是听力的练习。这似乎证明了跟读耗费的精力最大。之后，兰伯特在前人研究基础上进一步提出新的实验假设。这一次他通过实验进一步检验了集中注意力对同声传译产生的作用。这一实验的结论是，看似一个单纯行为的同声传译是由多项任务组成的。而且随着译员熟练程度的改变，这些任务完成的情况也不一样。

此外，兰伯特通过实验发现，与普通人在进行话语处理时所偏爱的从大脑右半球到左半球的规则相反，译员可能会利用人脑的右半球发展第二条途径，以便于成功地完成同传中同时存在的两个任务。他认为译员利用左耳道—左耳—右脑半球的途径来听去理解和存储输入信息，而用右脑半球—左脑半球的途径监听自己的话语输出。由此可见，口译信息处理方面的研究仍然有必要借鉴心理学及心理语言学等学科的实验方法，进行深入研究。兰伯特用观察法通过听和完形的检验，锻炼译员的理解记忆和推测能力。

丹尼尔·吉尔借鉴了心理学对注意力的研究，并且运用设计实验测试自己的假设。吉尔指出，口译是一种非自动进行的思维活动，需要一定的注意力资源，即处理能力才能完成。而这有限的处理能力如果无法满足需求，口译质量就会下降。此外，非自动进行的思维活动，也需要花一定的时间才能完成，进而据此为口译的这一思维活动建立起认知负荷模型，即传译涉及听辨与理解负荷，译语表达负荷、短时记忆负荷和协调三者之间的负荷。其中听辨与理解负荷，包括所有与理解相关的思维活动，从最初的对源语声波的下意识的分析，到最终的对应，即所作出决定的整个过程，全部包括在内。译语表达负荷包括从信息的外在思维表征中形成，到制定表达、计划实施表达计划以及自我监听表达与必要时的自我修正。短时记忆负荷包括源语片段在被移出之前在记忆中的储存、已经实施表达计划之前译语片段在记忆中的储存。吉尔还特别对短时记忆负荷作出了解释，即认知负荷模型中的短时记忆负荷是指口译员有意识地对需要储存在短时记忆中的信息作出选择，并把选择的信息储存在短时记忆中的过程。

吉尔进而又进一步指出，由于各种语言中词语组合习惯不同，译员在听力理解与分析和译语生成过程中比母语听众和发言人需要更多的处理能力。由于各项过程都需要一定的处理能力，吉尔进而提出处理能力总需求的概念。而保证口译顺利进行的前提条件是处理能力总需求小于等于现有处理能力的总能量。如果处理能力总需求等于现有处理能力，则说明译员刚好可以完成口译任务；如果处理能力需求大于现有处理能力，则说明该译员无法顺利完成翻译任务。此外，各项处理能力需求也必须同时得到满足。

吉尔在提出各项负荷和总负荷需求之后，继而又研究了各项负荷之间的互动，并指出即使有充足的处理能力，但若在各项负荷之间分配不当，也可能导致口译任务无法顺利完成。通常情况下，在口译任务进行的任何时刻，每项负荷都处理着某一特定的言语片段。比如说在第一段进行译语表达的同时，短时记忆负荷正在理解第一段之后的第二段，而听辨与理解负荷正处在处理理解第二段之后的第三段，如果译员在译语表达过程的第一段负荷就过大，那么剩余的短时记忆处理能力和听辨与理解处理能力则可能出现不足，第二段和第三段的口译质量就会受到影响。同样的，如果在第二段短时记忆负荷过大，第三段的听辨与理解可能受到影响，所以有必要进行各项负荷的协调优化分配，保证每项负荷对处理能力的需求都能够得到充分的满足。由此可见，口译顺利进行的前提条件包括总处理能力条件和各项负荷处理能力条件。

吉尔指出，认知负荷是关于口译的操作制约模型，而不是口译的结构模型或口译过程中的信息加工流程图。换言之，不能假设口译是由这些操作制约所构成的，它旨在提供一个整体上的操作模式，而不是详尽的口译过程结构分析模式。认知负荷模型旨在探究口译员在实际口译表现中出现错译、漏译的原因，其基础基于以下两个假设：其一，人类的注意力资源是有限的，这一认知所能承载的负荷是有限的；其二，口译任务的困难程度与任务实施的时限之间存在很强的关联性。

根据认知负荷模型，口译过程中出现的问题是由口译员认知负荷过载导致的。对于已经具备口译技能的职业译员来讲，认知负荷过载可能由客观因素或主观因素导致。客观因素包括问题诱发因素，即源语语言特点、口译发生环境的特点等；主观因素主要是指口译员自身的问题，如注意力突然无法集中等。问题诱发因素包括源语语速过快、信息密集、口音过重、语法有误、语言风格或论述风格少见、名称译法不知道、声音质量不佳，以及源语与译语句法上的差异巨大等。

需要指出的是，如果源语与译语句法差异非常大，译员则会被迫在短时记忆中存储一段时间后才能译出大量信息，导致处理能力需求增加，口译质量下降。现代语言学家普遍认为某些句法结构便于理解，而某些句法结构由于影响了理解人的预测，或者提高了对它的处理能力，尤其是短时记忆的需求，因而理解起来更加困难。嵌入式结构尤其会增加理解人的负荷，在某些修饰成分位于被修饰词之前的语言中存在许多嵌入式结构，而在口译的巨大认知压力条件下，对这些嵌入式结构的理解可能会出现困难。

吉尔的认知负荷模型，虽然被国内不少口译研究者用于理论解释和实践应用，但是至今未见对这一假说进行充分的实证检验研究，只有吉尔对其"走钢丝假说"进行过一次小型的实验验证。实验中10位职业译员对一段源语语料进行同声传译，实验检验的参数为口译中出现的错译和漏译。实验重复进行两次，两次均发现同一批译员在某些语段出现错译和漏译，其他译员却未出现错译和漏译。而且这些语段并不是语言难度最大的语段。如此则可反证译员出现错译和漏译也并非语言本身的原因，而可能是在口译那些语段时，译员的总认知负荷已接近或超过饱和的水平，故而出现错译和漏译。由此验证了"走钢丝假说"。如果要对吉尔的认知负荷模型假说进行实证检验，就必须测量译员在口译过程中的认知负荷程度，或者像上述这个实验一样采取反证法。能否测量译员的认知负荷程度，取决于认知科学的发展程度。要进行反证，就必须逐一排除译员的语言能力、知识背景以及口译技能等因素的干扰作用，并对其他变量进行控制。但实际上，很难做到这一点。

吉尔指出口译过程中引发问题的是认知饱和与认知失败，而导致这种问题的有原因两点：频发原因与偶发原因。所谓的"频发原因"指的是译员的认知技能和陈述性知识（语言外知识、词汇与语法规则知识等）不足以使其有成功应对相应事情的精力需求。这可能反映出个体特定的认知技能，也可能是没有掌握必要的认知技能（程序性知识）的学生或者初级译员的暂时的一种状态。这种认知技能包括语言技能和其他技能，如加工能力分配的快速转换和恰当的应对策略的实施。这些问题会随着大量练习和经验的增加而改善。练习能够使任何可以被自动化的子过程自动化，并且随着专业知识的增加而降低对加工能力的要求，而且教师的指导会帮助学生逐步形成正确的决策行为。而偶发原因与上面所提的原因恰恰相反，是已经掌握了专业知识的译员在特定情况下由于出现的认知饱和而产生的。这一问题的产生涉及客观的因素，如源语讲话的语言、语义或实际特点（问题诱发因素）、特定的沟通环境，以及主观的原因，如译员当时的记忆失败或者加工能力管理的失误。

但是吉尔也提出，自己的精力分配模型最初是为了教学的目的，不是为了进行研究。其设计的目的是解释众所周知而又反复出现的口译困难，给学生提出建议克服困难。为此，他总结道：在认知任务中，人类行为包括言语理解和言语产出，依赖于有限的加工能力（processing capacity）。这一想法是自丹尼尔·卡纳曼（Daniel Kahneman）提出能量分配模型以来认知心理学和心理语言学领域的主流思想，甚至任何一本认知心理学的教科书中都如是总结。在短时记忆中储存信息会影响加工能力，这一观点与当下的认知心理学观点不谋而合。与此类似的一种观点是注意力的分配至少是有意识的，而且在同一时间范畴内协调集中认知行为也会影响加工能力。所谓的精力竞争的原则同一个中心处理能力资源的说法是一致的，而不是有些人所说的好几个处理能力资源可以同时工作，而彼此之间又互不干扰。

职业译员应该具备某些特殊的心理特质，译员应该有出色的掌握和运用语言的能力、灵活控制和保持精力平衡的能力，以及充分调动丰富的数据储备和认知补充的能力。这种职业能力的获得依赖于科学有效的译员培训方法。

司徒罗斌（Robbin Setton）从认知语用的观点，以心智模型为基础，通过语用论为同声传译源语与译语的认知模式作出细致的描述。他提出以文本为基础，针对与语义相关的文章，在工作记忆的系统之下，形成支撑假设的推论模式。他认为，从上下文得到信息的过程，可以靠心智模型来维持，并寻求其关联性。因此，他对吉尔的认知负荷模型的看法是，不应仅就记忆、听取、产出、协调来探讨，还必须加上推论的因素才算完整。

支持司徒罗斌的心智模型的理论架构可以分为以下四个层面：（1）关联性理论。在认知与沟通的过程中，上下文衔接的效果越大，处理时所花费的心力越小，表示信息的关联性越高。当说话者清楚地表达沟通的意愿时，听话者可以进行推论与处理。（2）语言行为理论，即译员如何利用、了解说话行为与说话内容的能力，充分地掌握说话者的沟通意愿，并进行译语的产出。（3）框架理论，即从长期记忆与文本中唤起概念结构的机制。（4）心智模型。是听取信息时，理解内容的过程与内心世界等能力的主要依据，是听解和读解等能力的主要依据。

司徒罗斌认为语用论可以解决词序的负担，并认为认知负荷模型的中枢在于推论，而不是记忆。对于这一看法有的学者提出质疑，认为上下文是需要集中注意力的一种认知负荷模型，而不是自动产生的现象，尤其是在文法属性不明确的情况下，更需要在处理上下文时，保留提取信息中的短时记忆信息，而这些都不属于长期记忆或推论的范畴。

（一）口译过程研究

口译职业的发展、产生的必然结果之一就是口译研究的蓬勃发展。在口译研究的四个发展阶段中，口译过程研究贯穿始终。我国的口译过程研究虽然起步比较晚，但是随着口译职业和口译专业教学的发展，近年来我国的口译过程研究也取得了一系列的进展。从已有文献来看，我国的口译过程研究主要以运用人文主义研究方法为主，通过已有理论的运用对口译过程进行描述和观察，将交替传译和同声传译进行对比研究，或者对已有过程、理论进行推演和介绍。实证研究则相对较少，一般是通过口译测试、现场观察录音、文本分析等形式进行小规模的实证研究。

早在第一个阶段（20世纪五六十年代）让·艾赫贝尔（Jean Herbert）就开始关注口译过程。他在其口译著作《口译员手册》(The Interpreter's Handbook) 中，从一名职业译员的角度描述了译员的工作，把口译过程分成理解、转换和表达三个步骤，讨论了语言转换和口译技能问题。在第二阶段（20世纪六七十年代），大卫·杰弗(David Gerver)、巴力克(Barik)和莫瑟－梅塞(Moser-Mercer)等研究者在其进行的一系列奠基性的研究中，把口译（主要是同声传译）引入实验心理学领域作为其研究的对象。正是从这一阶段开始把口译作为一个信息处理的过程进行研究。在第三个阶段（20世纪七八十年代），巴黎释意理论的创始人塞莱斯科维奇（Seleskovitch）提出口译过程三分法，即口译的过程不是一种语言符号的转换，而是一个"意义"的理解与再表达过程，它包括理解、意义与语言形式分离、重新表达三个步骤。换言之，口译的过程可以分为源语理解、脱离源语外壳和译语表达。据此塞莱斯科维奇提出"口译三角模型"（见图1-1），即口译过程从三角形的顶端开始传送自发表达的思想，因为变成意思的源语形式已经不再具有约束力。底部表示未经语境或者情境更改的概念从语言1到语言2的直接翻译。这些概念只是知识的目标而不是理解的目标。

在口译研究的第四个阶段(20世纪80年代后期至今)，跨学科口译认知心理研究的蓬勃发展，加速了国际口译研究的认知心理学转向。至此揭开了多个领域（口译、心理学、语言学等）的研究人员对认知科学的借鉴、探讨和交流，信息处理观也应运而生。在研究者看来，信息和信息动态分析对于人工智能和认知科学的学科基础都极为重要。这两个学科都研究认知媒介（cognitive agent），它们是接收、储存、检索、转换、生成和传输信息的信息系统。吉尔对会议同声传译及交替传译中译员的精力分配和信息加工深度与表达等问题进行了研究，并提出了精力分配模型，其中包括交替传译精力分配模型(An Effort Model of Consecutive Interpreting)。他强调在交替传译中，(信息)读取阶段所需的加工能力（相对于产出阶段）更为重要。司徒罗斌将口译的过程模型分为两类：一类是关注译员思维过程的"认知过程模型"，这类模型从认知心理学出发对口译组成过程（例如，言语理解、产出、记忆/注意资源分配和协调）建模；另一类模型是关注口译活动参与者（包括译员）之间的沟通关系变化的"社会/关系模型"。不论何种口译模型，都强调会有多重因素影响译员的信息加工过程，然而对于口译信息加工过程中出现的缺失现象，研究仍有不足。

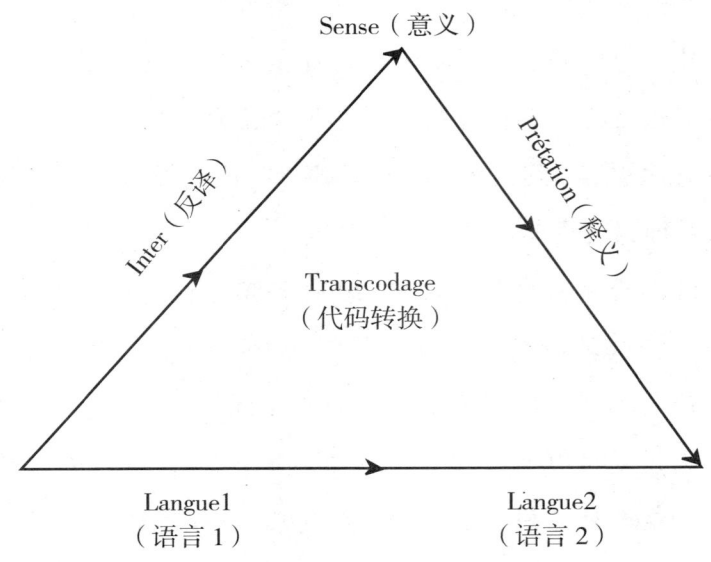

图1-1　口译活动三角模型[①]（Seleskovitch & Lederer, 1984）

在跨学科的口译过程研究进展方面，记忆和口译策略是重要的研究主题。心理学和神经心理学的不同研究已经表明，承载人类知识的记忆不是一个单一性的功能体系，而是由长时记忆和短时记忆两大体系构成的。鉴于临床数据证实，记忆两大体系之间存在着脱节，贝德利（Baddeley）和希奇（Hitch）提出了工作记忆的假设。

在口译过程后阶段的研究中，有学者对影响口译产出的过程因素（演讲者口音、源语语速、源语发言难度、译员产出策略和译员心理素质）等进行了考察。口译是一项高技能的职业活动。

---

① 该图引自 [法] D. 塞莱塞科维奇、[法] M. 勒代雷：《口译理论实践与教学》，汪家荣、李胥森、史美珍等译，旅游教育出版社，第238页。

心理学研究表明，职业能力是可以通过学习、培训和实践获得的，职业能力的习得是一个认知发展过程。译员的基本能力通常由三部分组成：语言能力、交际能力和认知能力。

近年来，口译过程研究相关博士及硕士毕业论文的数量有了显著的增长，这说明我国口译过程研究的重要性在不断提高。例如蔡小红以交替传译为研究对象，借助心理语言学、认知语言学等跨学科的理论和实证研究方法，对交替传译的思维过程和特点进行了研究。刘敏华通过实验法对同声传译中的工作记忆问题进行了研究，考察了专业译员在发展过程中的工作记忆对其口译产出的影响。陈菁运用理论推演的方法对口译过程中译员的感知、社会情境和不同顾客的质量期待等进行了研究。杨承淑在其博士论文中使用推论理论，采用推演和实证研究相结合的方式，对口译的信息处理过程进行了细致的讨论。张威在其博士论文中运用认知心理学和心理语言学的相关理论和实验研究方法，对同声传译中的工作记忆进行了实验分析。高彬运用文献调查法对口译研究的历史进行了系统的梳理。王斌华在其博士论文中运用基于真实语料的描写性研究方法，对口译过程中的实际规范进行了详细深入的观察。此外，口译过程研究相关硕士论文数量也在不断上升。

口译过程研究主要运用了实证主义研究方法，部分理论性研究运用了人文主义研究方法。实证研究主要集中在口译过程的中间阶段，即对口译在线策略（包括口译笔记）、口译中的记忆进行加工处理（感知、接收、存储、理解和产出）等主题的研究方面。理论性研究主要集中在对口译教学学科建设语境和文化背景，对口译过程的影响等。

在口译过程研究中所使用的实证研究方法主要分为三类：行为研究、脑成像研究、语料库研究。其中，行为研究主要包括了实验法、观察法和问卷调查法等；脑成像研究主要是运用脑成像设备和技术，如功能性核磁共振等，直观地检验口译过程中人脑的反应。这类研究目前还不多，但是近年来认知心理学、心理语言学等学科的发展也逐渐延伸到口译研究中。

杨承淑认为，目前的翻译研究可以区分为翻译内部问题的研究和翻译活动产生之后的影响研究。影响研究可以通过相邻学科的方法去探究，但对于翻译的构成等内部问题的研究，就必须针对翻译活动的主体，也就是语言、知识、技巧去进行有针对性的探索。对于口译而言，最困难的部分莫过于信息处理过程的研究。这个地带是口译研究者所提到的"黑盒子"，也是口译研究中最核心的问题所在，包括过程分析、记忆机制、转换模式、监控调整，等等。她在其研究中共采用了16篇口译语料。在语言组合方面，包括中英、英中、中日、日中、英日以及日语手语的回译。在口译类型方面，则有同声传译、交替传译、视译、电视口译，手语传译及交替传译笔记等。语料来源方面，包括课堂演练、实验采证、真实语料、文献引述及双语语料库。而译者背景方面，涵盖了口译学生、准译员、新手译员、资深译员等。在语料的运用方式上，则针对同一议题采取多语言、多类型的口译语料加以检验分析的原则进行论证。① 她也探讨了翻译单位与信

---

① 引自《口译的信息处理过程研究》（杨承淑著）一书的介绍，南开大学出版社2010年版。

息结构，针对即席演讲、视译、同声传译等语言事实，对照自然语言的实证数据以及口译与手语的听说差异研究成果，如静默停顿的频率、时间，信息处理单元的句法结构与语义等征，位置与谈话形式的相关性等，描述口译理解与产出的单位信息结构，以及单位辨识标志等细部特征。通过以上观察与检验结果，针对同声传译的信息转码过程，提出条理化的信息单位判定标准与操作原则。

杰弗分别于1971年的牛津大学博士论文及1976年的实证研究文献中，提出了同声传译过程的两个主要机制：一个为固定式的记忆系统，一个为选择性的控制过程。其中，缓冲记忆存储（buffer storage）会通过核对原始信息或考虑翻译资源是否充足，而作出判断或选择。但是这一模式并没有应用于后来的实验研究，甚至他自己也没有再作进一步的解释。他用的是心理学上的信息处理法（the information processing approach），通过许多的实验去证实最适合的同传语速、注意力分配、环境噪音的影响、停顿对断句的影响，以及译员性格特征对口译的影响。直到今天，他的实验数据还有非常重要的参考价值。主要原因是大多数的口译研究者并非心理学出身，在实验的统计与分析方面，少有如他条件充分者。

在口译研究方面，必须要对操作经验与理论方法进行综合研究。也就是说，要站在经验科学的基础上，通过理论的阐释与检验，归纳口译信息处理过程的脉络条理。而通过研究所得出的结论，必须在口译的实务操作上经得起考验，即具备应用价值，才是真正意义上的研究。

(二) 翻译补偿研究

翻译补偿一直是翻译研究中发展相对缓慢的研究领域。国外的翻译理论研究中出现"补偿"(compensation)或相关的概念始于20世纪六七十年代，80年代后开始出现明确的补偿概念，学者与翻译实践者也尝试对补偿进行分类。自20世纪80年代以来，在翻译（笔译）研究领域，国内的研究者对翻译补偿也进行了一定的研究。刘树森定义了翻译补偿的概念；其他研究者则对翻译补偿的具体手段进行了研究。但这些研究都侧重于某一个具体的方面，相对缺乏系统性。夏廷德在其著作中专门讨论翻译（笔译）领域的补偿研究，比较系统地探讨了翻译过程中的补偿，对口译过程中的补偿研究具有十分重要的借鉴意义。

口译补偿研究更是滞后于翻译补偿研究。追根溯源，进行补偿的原因是有损失在先。正是由于口译活动中源语发言人与目标语听众之间不可避免地存在着语言、文化甚或认知方面的差异，口译活动中的信息损失也是必然存在的。遗憾的是，迄今为止口译补偿研究并未引起学界足够的重视。目前，国内外的研究者分别从认知心理学、神经语言学、心理语言学、认知语用学的视角，解释复杂的口译信息处理机制。有一些文献从口译的信息加工过程、冗余信息的处理、停顿、译员的自我监控与自我修复、表达的流畅性等方面介绍其研究成果；也有一些文献介绍了译员信息缺失方面的研究成果，以及译员如何在真实的口译环境下应对信息丢失，进行信息补偿。但是目前类似研究主要还是集中在同声传译的口译工作模式，而关于口译交替传译的补偿研究尚属空白领域，并没有系统完整地介绍如何建立交替传译中信息补偿的相关研究成果。

二、研究问题与意义

本书以释意理论、精力分配模型理论和认知心理学理论为研究框架，尝试探索英汉交替传译中的信息缺失、补偿以及其对口译教学的启示。希望能够通过实证研究，发现不同资历的（职业、学生）译员在出现信息缺失、进行信息补偿时所采取的策略。

研究者在教学实践中发现，如果会议讲话（尤其是英语讲话）的内容超出了学生译员的认知范畴或者是心理预期，信息缺失的情况就会非常严重。这直接影响了口译的质量，正如前文所述也在很大程度上影响了译员的自信，甚至会在接下来的口译活动中导致灾难性的后果。在会议口译的过程中，交替传译是一项艰苦、复杂、技术性要求非常高的工作。因为它涉及一系列任务的精力分配，而且不能像笔译那样有充足的时间斟酌。译员要有极为迅速的反应，在会场听到源语讲话后就要立即进行听力的理解和加工处理，同时在最短的时间内输出。在会议口译的场景下，译员口译质量会受到多种因素的影响，例如译员的双语水平、对发言人所讲主题的相关知识的熟悉和了解程度、译员的身体状况和心理素质、源语讲话人的语速和口音、讲话的信息密集度及专业程度、现场的设备、听众的反应以及环境的因素等。正是这种复杂的现场环境及译员自身诸多主观因素的影响，不同译员的口译质量也会有很大的差异。这尤其表现在信息的输出方面。信息的输出实际上是一种内在信息处理的外在表征，不可避免地要应对信息缺失的现象。特别是学生译员在交替传译训练和学习的过程中，经常会在自我反思式的评价中指出自己"缺失了信息"，但是对于自己所缺失信息的具体情况却又语焉不详或者难以表述清晰。这一问题深深困扰口译学习者，也成为口译教学中不容忽视的问题。所以本书将研究视角转向英汉交替传译中译员的信息缺失及其应对策略。

鉴于此，本书希望通过实证研究解决以下三个方面的问题：

（1）交替传译中信息缺失的特征是什么？

（2）交替传译中信息缺失产生的原因是什么？

（3）当信息缺失产生时，译员如何进行信息补偿？

本书具有理论和现实的双重意义。理论意义主要体现在以下三个方面：

其一，可以丰富口译理论，进一步完善交替传译中信息补偿机制建立方面的空白。正如前文所述，目前虽然有些学者已经意识到对口译缺失信息进行补偿的重要性并展开了初步的研究，但其研究或者缺乏实证检验，或者单纯分析语言信息或文化信息，仅涉及某些具体的层面，难以勾勒全貌。而本书通过探讨并构建交替传译译员进行信息补偿的过程，试图从理论方面奠定基础。

其二，本书以信息加工理论为研究框架，探讨交替传译中译员的信息缺失与补偿，可以为相关的交替传译信息处理加工过程的理论研究和口译产出的相关理论研究提供借鉴，进一步完善相关的信息加工及言语产出的理论。

其三，本书可以更好地促进口译教学与口译理论研究的有机结合。口译研究缘起于口译实践或口译教学，而口译研究的结果也会服务于实践或教学。本书问题来源于口译实践与教学，是基于职业译员和学生译员口译表现对比的实证研究，并试图在研究中发现问题和解决问题。本书采用混合研究路径进行交叉验证，以期研究结果能够促进口译教学，帮助学生译员学会应对交替传译中的信息缺失现象，并为其构建补偿策略提供实践性的指导。

本书同时也具有双重实践意义。

首先，可以丰富口译教学和培训的内容。在交替传译的教学或培训活动中，最为现实的目的就是要培养满足市场需求的口译人才。而能够满足市场需求的口译人才就要达到口译作为沟通、交流的目的，实现源语发言人和目标听众之间的信息传递。目前很多培训或教学活动中，培训者或教师虽然强调信息的重要性，但是并没有以科学而系统的体制来界定执行。因此，本书的成果可以给实践者提供实际的指导，为口译教学和培训提供新的内容。

其次，本书可以进一步完善口译质量评估的内涵。双方能否达成顺畅的沟通，是口译质量评估过程中非常重要的一环。通过对缺失信息进行补偿、考量补偿所达到的程度，可以从一个层面反映口译质量。因此，本书实际上也为口译质量评估提供了一个新的视角和衡量标尺。

综上所述，本书希望通过对相关理论的梳理、归纳，以及对实证数据的分析，构建起译员在英汉交替传译中信息缺失的现象研究及补偿策略。这样能够更有效地帮助学生译员加强口译学习，掌握相关口译技能、提高口译质量，并促进口译教学的发展和口译研究的进一步开展。

三、研究过程与方法

本书采取定量研究为主、定性研究为辅的混合研究路径。通过模拟交替传译实验，对职业译员和学生译员在模拟口译中的表现进行定量分析和定性分析，验证研究假设。对调查问卷进行信度和效度的测量分析后，将实验数据进行 SPSS 统计分析和系统性整合，以回答研究问题。

针对第一个研究问题，本书采取实验法。口译理论研究在进行到一定程度时需要对已有的理论观点进行实证，因而在一定条件控制下的实验，便应成为未来检验口译理论的主要实证性方法。笔者同时也强调，非常重要的一点是，实验要在专业人士严格控制实验变量、实验条件的情况下进行。而且，实验应当是可以比较、并且可以反复验证的。基于此本实验邀请所有译员（职业译员和学生译员）就一篇英语原声的技术性讲话的开头部分进行模拟交替传译，之后笔者利用语音转写软件及人工相辅助的方法对译文进行转写，并比照之前确定的信息评定标准，分析职业译员组与学生译员组口译过程中的信息吻合度，以确定两组译员在信息缺失方面的情况。通过对两组译员译文转写的进一步比较分析，发现两组译员信息缺失方面的特征差异。

针对第二个研究问题，本书采用了实验数据分析法、问卷调查法、有提示回忆法。在模拟交替传译实验之后，由研究者发放调查问卷，邀请所有参加模拟交替传译的学生译员在交替传译之后填写。调查问卷的内容主要涉及学生译员对自己的口译信息缺失与否和如何进行补偿的判断。最后由研究者引导参加实验的学生译员进行有提示回忆，分析结果数据，总结、揭示信息缺失产生的原因。

针对第三个研究问题，本书采用了反思法和半结构访谈的研究方法。反思法的参与对象是参加口译实验的10名学生译员。这10名学生译员在译后撰写自我评价报告，详细分析自己在口译过程中遇到的问题并进行自我评价。半结构访谈的对象为一名职业译员。通过分析职业译员的访谈转写和学生译员的自评报告，总结两组译员在出现信息缺失的情况下分别采取何种应对（补偿）策略。译员的自评报告主要从信息忠实性、译语准确性和表达流畅性三个方面进行自我分析。再对比职业译员和学生译员的口译质量。其中信息忠实性主要以信息单元为量化指标；表达流畅性方面以衡量话语流利度的速度、中断和修正三个维度为测量指标。最后对采集的数据进行详细的分析。

本研究的流程图如下图1-2：

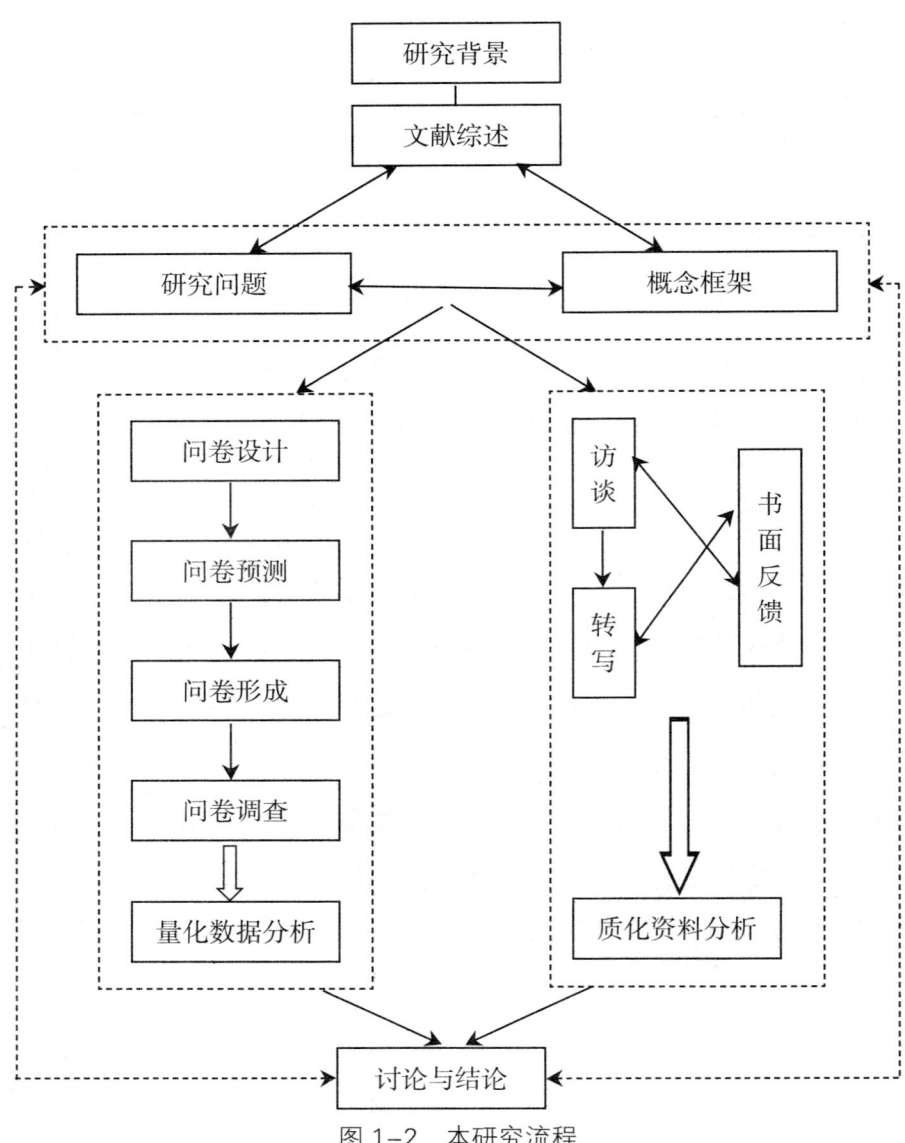

图1-2 本研究流程

四、本书结构

本书分为六章,第一章为绪论;第二章为概念框架;第三章为文献综述;第四章为研究方法、研究设计与实验流程;第五章为数据分析与讨论;第六章为结论。

第一章介绍了研究的背景、研究问题与意义、研究过程与方法。从选题的缘起出发,引出本书的三个问题:(1)交替传译中信息缺失的特征是什么?(2)交替传译中信息缺失产生的原因是什么?(3)当信息缺失产生时,译员如何进行信息补偿?同时,围绕这三个问题,阐明了具体采用的研究思路和方法,并对本书的结构作出简要的说明。

第二章为概念框架,明确与本书相关的重要概念。口译研究包括复杂多样的要素和过程,而本书的焦点为交替传译中的信息缺失及补偿。因而本书中涉及的第一个核心概念为交替传译。介绍了交替传译的概念界定、分类与方向性。其次,从口译能力构成出发,探讨交替传译能力构成及维度。最后,从相关学科和视角界定了口译中信息的概念、类型、结构及单元划分,为研究的展开奠定坚实的理论基础和框架。

第三章是文献综述。对本书的焦点,即交替传译中的信息缺失与补偿研究进行了细致的梳理和综述。从口译信息加工过程研究展开,分别探讨了翻译损失与信息缺失、口译信息损失相关研究、翻译补偿研究和口译信息补偿研究,以期从前人研究借鉴经验,发现问题并展开进一步研究。

第四章是研究方法、研究设计与实验流程。首先介绍本论文的研究方法，即在实证研究基础之上的定量研究与定性研究相结合的方法。然后，提出了研究问题，并进一步介绍研究的具体设计，包括实验对象的选择、实验材料的说明，如语料选择的原则。最后是实验流程与数据采集，包括录音转写、学生撰写自评报告，以及邀请评估人员对口译质量进行评估。

第五章综合上一章得出的实验数据，首先对英汉交替传译中的信息缺失进行总结，分别分析职业译员和学生译员的口译表现；其次，针对学生译员自评报告结果，分别分析其信息表达及信息补偿策略的运用；然后对评估小组给出的评估结果进行分析；最后对上述实证研究中所提到的结果进行综合的分析和讨论。

第六章是结论部分，回顾本研究的结论、研究问题的解答；总结本研究的创新与贡献、局限性，并展望未来研究的方向。

第二章 概念框架

一、引言

在第一章中介绍了本书的研究背景、研究目的、研究意义、研究方法以及总体结构。本章将对本书涉及的认知、信息、信息加工及其相关文献进行详细的回顾和述评。并在此基础之上，阐述本书的切入点，构建本书的概念框架。

本章分为五小节。第一小节是对本章内容的概述。第二小节界定交替传译的概念、分类及方向性。第三小节阐释交替传译能力内涵与体现维度。第四小节研究口译信息，包括信息的概念、言语信息与信息差、口译信息类型、信息结构及单元划分。第五小节对本章进行回顾。

二、交替传译概念界定与分类

本书以英汉交替传译为主要研究对象，主要研究英汉交替传译中信息的缺失和补偿。因此本书涉及的第一个核心概念为交替传译，本小节中主要对这一关键的概念进行梳理和界定。

（一）交替传译概念界定

　　口译的形式与手段不同，学者们对于口译的分类也有所不同。但从实践性的工作模式来讲，口译可以分为交替传译和同声传译。本书的第一个核心概念是"交替传译"。"交替传译"是一种常用的口译形式，也被称为连续口译、即席口译、即席传译，简称"交传"或"连传"。实际上是发言人讲完一段话停下来，由译员将这一段话翻译给观众。而等译员翻译完这一段话后，发言人又接着往下说，并在适当的时候再次停顿让译员接着翻译，多次重复直至完成整场讲话。换言之，交替传译是指讲话人和译员交替"发言"，完成各自的讲话或翻译。尽管当前国际会议中频繁使用同声传译的形式，但在高层会晤、商业谈判、新闻发布会、讲座授课等场景中还是广泛使用交替传译的形式。

　　"交替传译"是一种发生在跨文化交际行为中的职业活动。这一职业活动的心理模式和思维规律具有鲜明的特点。因此信息并非像表面上开起来的那样简单，实际上涉及非常复杂的心理活动。交替传译（相对于同声传译）更为强调沟通双方的互动和信息的及时、准确传递。译员要通过自己的翻译对信息进行解码、编码。同时译员也要在时间压力之下，充分运用自己的知识储备、语言转换能力、心理语言手段。交替传译的译员相当于口译活动中演讲者和观众之间的桥梁，只有通过准确地建立起交际双方共识的信息概念，才能实现传递信息、服务于沟通的目的。因此，交替传译的译员既要有丰富的双语语言知识及世界百科知识，又要具备相关的口译和演讲技能、技巧。而口译技能技巧的建立与发展实际上是与之相关的认知知识的形成与发展，是陈述性知识向程序性知识发展的过程，所以其思维程序呈现职业化特点。交替传译同其他口译活动一样都是为了即时传递信息。因此在判断交替传译质量的时候，信息的传递一直被看作一项重要的指标。可以说准确、完整而顺畅地传递信息是成功口译（这里特指交替传译）的标准。

（二）交替传译分类与方向性

即使是在同声传译被国际会议广泛使用的今天，交替传译仍被认为是一名合格译员必须具备的技能，而且被很多人看成是真正高贵的艺术。实践中交替传译在级别和正式程度方面千差万别。尽管现在交替传译的长度、内容、信息密度都有所变化，但是仍然要求有系统的笔记。交替传译适用的场合较为宽泛，可以应用于典礼、现场参观、法律场景、双边外交会谈、谈判和新闻发布会等，但比较短的交传更类似于陪同口译。交替传译可以适用于各种长度，但由于现场制约因素以及场景的限制，而具有各自不同的优势及缺点。司徒罗斌与杜蕴德从持续长度角度对交替传译进行了较为全面细致的划分，将其分为以下五种：第一种是超短交传，比如5—10秒，有的时候是一句话一句话的翻译，在对话中比较常见。第二种是短交传，一次只翻译几个句子，传递更为完整的思想，通常每个翻译的片段不超过30—40秒，常见于商务口译场合。第三种是中等长度的交传，长度持续45—90秒中等长度的交传，需要更多地发展交替传译的技能，尤其是对那些信息密度比较高、比较复杂和不太熟悉的材料更是如此。第四种是长交传，泛指2分钟左右的讲话，在过程中要求记笔记。通常此时发言人希望不被打断地完整地表达自己的想法，这样就可以有更为连贯、统一的口译产品。第五种的是超长交传，通常指5分钟左右的讲话（当然现在越来越少见）。如表2-1所示：

表2-1 交替传译时长类型

序号	类别	时长	适用场景
1	超短交传	5—10秒	对话
2	短交传	30—40秒	商务会谈
3	中交传	45—90秒	会谈、谈判
4	长（经典）交传	2分钟左右	会议、讲座
5	超长交传	5分钟左右	会议

时至今日，1—2分钟的长度已经成为比较规范，甚至是传统的正式交传的长度。正是在一定长度的交替传译中，译员能够对讲话进行整体分析，加以逻辑上的梳理，再以连贯而流畅的方式将信息传递出去。因此，本研究采用了2分钟左右的长（经典）交传作为语段划分标准。

译语方向性问题指的是译者（译员）从母语译入外语或者从外语译入母语的问题。在国际上译语方向性是一个由来已久的观念，即译者（译员）只能译入母语，或者说只有母语译者（译员）才能保证译文的质量。当然对于译者所掌握的不同语言有不同的术语表达，如母语、第一语言、A 语言等。A 语言一般指译员的母语，或被称为第一语言，即译员最精通的语言。B 语言指译员的第二语言，或者第一外语，其精通程度仅次于 A 语言。本书中统一称为 A 语言和 B 语言。交替传译在国际上本来只限于 B 语言译入 A 语言，即译员原则上永远用自己双语中熟练度最好的语言表述，而用熟悉度最好的语言听辨、理解。尽管由于国情所限，现实市场中交替传译的译员也会经常在 A、B 两种语言之间切换翻译，但是为了尊重职业市场中口译的规则，本研究将研究范围缩小至英汉交替传译。

三、交替传译能力内涵及体现维度

（一）口译能力构成

口译能力（interpreting competence）是在翻译能力（translation competence）基础之上发展起来的概念。最初是由卡琳娜（Kalina）正式提出并将其定义为"在以语际中介为目的的双语或多语交流环境框架内处理文本的能力"。虽然正式提出了口译能力，但当时主要是从语言加工的角度，将口译能力等同于语言能力，较为片面。鲍刚指出，译员必须同时完成语音听辨和语义理解、句层意义理解，乃至于语段与语篇意义理解，能够关注语篇逻辑与话语内容、意义。司徒罗斌认为，口译能力是指在交替传译和同声传译中捕捉意义，并将之表达出来所需的操作技巧和策略。蔡小红指出，口译能力应该分为知识、能力、职业技能和心理能力。王斌华将口译能力定义为"完成口译行为所需的内在知识和技能体系"[①]，并将其具体化为三大模块：双语能力、言外知识、口译技巧。双语能力指译员两种工作语言的水平和能力，即对源语的听辨理解能力和目标语的口头表达能力；言外知识包括百科知识和专业主题知识；口译技巧包括听辨理解、逻辑分析和整合、口译记忆、口译笔记、口译转换、口译表达等方面的技巧。柴明颎指出，口译能力应该是能够胜任口译中的任务咨询、场地要求、服务职责、服务条件、设施检验、合同签署、口译过程和译后咨询等工作的能力。

　　基于以上概述可以发现：学者们逐渐认识到口译能力不等同于语言能力，而应该是复杂因素相互作用的结果，是一种综合了语言、记忆、信息加工、口译技能（包括口译笔记）等的全面的能力概念。

---

① 参见王斌华：《"口译能力"评估和"译员能力"评估——口译的客观评估模式初探》，载《外语界》，2007年第3期，第44—50页。

（二）交替传译能力内涵及维度

吉尔在同声传译精力分配模型（An Effort Model of Simultaneous Interpreting）的基础上应用相同的原则发展出了针对交替传译的模型（An Effort Model of Consecutive Interpreting）。认为交替传译可分两个阶段：理解阶段/听和记笔记阶段（comprehension phase or listening and note-taking phase）和言语产出阶段/再形成（speech production or reformation）。

第一阶段的精力分配模型为：

口译 = 听和分析 + 笔记 + 短时记忆 + 协调

即 Interpreting = L(listening and analysis)

+ N(note-taking)

+ M(short-term memory operations)

+ C(coordination)

在这一阶段中，听与同传模式中的听和分析精力是一样的；记忆与同传中的记忆精力是相似的，但是记忆所指稍有不同。在同传中记忆指的是听到讲话片段与内容在目的语中形成的时间之间留存的记忆；交传中的记忆指的是听到讲话片段和内容被记下来之间留存的记忆，或者在大脑中进行加工并传送到长时记忆的时间。而产出精力在交替传译的第一阶段指的是笔记的产出所用的精力，而在同声传译中却是言语产出所用的精力。

第二阶段的精力分配模型为：

口译 = 回忆 + 笔记读取 + 产出 + 协调

$$\text{Interpreting} = \text{Rem(remembering)}$$
$$+ \text{Read(note-reading)}$$
$$+ \text{P(production)}$$
$$+ \text{C(coordination)}$$

在第二阶段，回忆的部分指的是用于回忆从长时记忆中抽取源语讲话中的片段所进行的脑力操作过程，因此与记忆元素中的短时记忆是不同的。似乎乍一看第二阶段更为困难，因为既有长时记忆又有笔记读取的精力。然而如果笔记记得好，就能够帮助回忆，从而真正地减少回忆所用的能力需求。在交替传译中，话语理解和话语产出在时间上是分离的。也正是鉴于此，对于源语和目的语差异所导致的目的语产出的压力也就大幅降低了短时记忆负荷。同传模式中译员必须把信息保留在短时记忆中直到将其整合，并以流畅的、听起来自然的目的语表达出来。而在交传模式中，译员可以将其记在笔记中然后再翻译出来。相比同传而言，在交传的第二个阶段，译员可以有更多的精力和时间进行言语产出。

通过对以上模型的分析，可以发现交替传译能力是由涵盖语言能力、工作记忆能力、笔记能力、信息加工能力在内的多元能力构成。由于工作记忆能力、笔记能力在两个阶段都发挥作用，而信息加工能力又贯穿交替传译活动的始终，可见这三项能力是决定交替传译活动成败的重要指标，因此本书也将其作为三个基本维度。

四、口译信息研究

（一）信息概念界定

从信息哲学的角度，信息可以从三个不同层次来理解：一是人们日常经验理解的层次；二是使用信息科学的层次；三是哲学的层次。在人们的日常生活及一般的资料文件中，信息指的是具有新内容、新知识的消息、新闻、情报、资料、数据、图像、密码以及语言、文字等所揭示或反映的内容。而如果将所有其他形式的信息载体都看作是"消息"，那么信息则是消息中的新内容。

在哲学范畴中信息的定义如下：从信息的存在方式来看，信息并不是一个具体的直接物质存在形式，信息是在表征、表现、外化、显示事物及其特征的意义上构成自身的存在价值的。信息是它所表现的实物特征的间接存在形式。

感觉和知觉统称为感知，它是人类将自在信息变为自为的被识辨的信息的过程。虽然感知的信息传递过程伴有相应的位置活动（神经细胞膜内的电传导和神经细胞突触间的化学传导的活动），但是我们完全有理由把感知看成是一套信息活动的过程。首先，感知识辨的是反映外界客体特征的信息；其次，神经系统内部的载体的物质性活动并未在这一过程中被明确感知到，这些物质性活动仅作为相关信息活动的载体活动方式而成立。

概括而言，人们要想产生认知的形象就要先在内部产生一种认知的模式，接受从外部世界发射过来的信息，这两种信息在人的认知中重合，形成一种有人称为"复合信息"的认知单位。信息复合其实是以信息重组为前提的。对同一对象的整体信息模式可以通过特定方式加以重新分解组合，对不同对象的信息要素也可以通过特定的方式重新分离和拼接，这一切都表明信息可重组的性质。

（二）言语信息与信息差

口译活动是口头言语交际的一种形式，利用语言来传递信息，完成交际双方的沟通目的。言语信息是发话人借助语言载体向受话人传递特定的意思。它所反映的是发话人对客观世界包括发话人自身的不定性的认识程度；所谓特定的意思是指发话人的书面或口头言语必须言之有意，并且有心理上的定向性。言语信息从语言层次的角度可以分为语法信息、语义信息、语用信息。

言语信息差是指发话人所发出的言语信息与受话人所接收到的言语信息不等值的现象。信息差现象普遍存在。言语信息差大体上可以分为两种类型：一是信息减值；二是信息增值。信息减值是指受话人对发话人所发出的言语信息理解不足；信息增值是指受话人对源语信息内容理解过度。口译信息差属于言语信息差中的一种特殊形式，可以理解为说话人所发出的源语信息与译员所翻译的译语信息不等值的现象。

（三）口译信息概念界定

信息是口译活动的操作客体，它在不同口译环境下呈现的具体特征决定了口译的认知过程和相关认知机制的运作及相互作用方式。吉尔区分了口译中的讯息（message）和信息（information）。他指出，"讯息"（message）一词指发送者希望送达接收者的内容（等同于 information）。而信息（information）可以分为两大类：主要信息（primary information = message）和次要信息（secondary information）。次要信息又分为三种类型，即框架信息（framing information, FI）、语言/文化负载信息（linguistically/culturally induced information, LCII）和个人信息（personal information, PI）。而句子构成结构为：

句子信息 = 主要信息 + 次要信息

sentence information = message + (FI + LCII + PI)

其中，框架信息是给接收者（听众或读者）提供指导和帮助，使其能够更准确地诠释话语中传递的讯息（主要信息）。如果说框架信息是由信息的发送者（演讲者或者作家）有意或无意选择来帮助接收者获取词所承载的信息，那么语言/文化负载信息则是恰恰相反的一种类型，即不是由言语的发出者选择的，而是由特定的语言结构、使用规则或语言所处文化决定的，如时态、代词等。个人信息是指言语中既不是发送者为了语言框架所选择的，也不是由语言或文化规则引入的，而是由于个人习惯、个人"风格"或发送者其他特点而形成的信息。如口语中的地区或外语口音、特定的语法错误，或者是可以揭示发言人个人背景（如母语、教育程度、社会阶层等）的语体和语义方面的特定选择。因而，我们在分析的过程中要注意区分不同类型的信息。

（四）口译信息类型

源语文本/讲话的话语语篇可以被分为三种不同的意义概念：所指意义、内涵意义和语言内部意义。奈达认为所指意义指的是用词语来指某一客观事物、某一思想观念时语言所获得的意义，这意味着它反映了符号与符号所指的事物之间的关系；内涵意义则指的是人们在使用语言时所附加给语言的意义是语言之外、人体感觉以及社会行为方面的意义，这意味着它反映了符号与使用符号之间的关系。巴尔胡达罗夫认为语言内部意义信息（第三大语义信息）是指语言符号体系本身所带的信息，如语法的意义、语言某种特有的韵律感所带来的意义等，它反映的是符号系统"内部"的关系。这三大语义信息的概念几乎包含了翻译活动中所能涉及的所有语言或语言外的意义信息，以及口译中所涉及的信息。

巴黎释意理论也认为口译所涉及的意义信息分为两大类：一类为显性信息，另一类为隐性信息。口译中的源语篇是一个"立体语篇"（hypertext），其意义由发言人的言语（verbal）信息、副言语（para-verbal）信息与非言语（non-verbal）信息复合而成；译员产出的目的语语篇也是一个"立体语篇"，其意义由译员的言语信息、副言语信息和非言语信息复合而成。其中言语信息是借助语句说出来的，只要双方拥有共同的语言，一般通过言语知觉、理解机制，就能有效地传递。副言语信息是指人们说话的音调、响度、速度、停顿、升调、降调的位置等都有一定的意义，可以成为人们理解言语表达内容的线索，这些伴随言语的线索称为副言语。非言语信息是指通过姿势、面部表情、目光、语调等传递的信息，主要通过观察获得。非言语信息在传递事实时功能较弱，但在表达情感方面比言语描述更真切、更生动。梅纳德（Maynard）提出了投射场域概念，认为应该把谈话场域的功能看成信息认知、情意表达、互动行为三者交互与主题所形成的多元对应关系，即谈话场域建构于主题之下，谈话参与者发送多元信息，以及与接收者互动之下的组成架构。汤承淑将其延伸至口译研究，认为可以将口译场域的作用范畴范围与形式视为一个多信息层次（信息、情意、行为）、多参与面向（说话者、听话者、译者）、多文本功能（书面、口语、情境）的交叉互动平台。进而提出可以将信息分为言谈信息和情境信息两部分，而言谈信息不仅包括言谈内容，还包括可用时间、背景知识、谈话情境、媒体内容、文化落差等。

王斌华从交际传播的视角考察现场口译过程及听众的信息接收过程，认为听众接收的信息和理解的意义整合了两个来源：一个来源是听觉感知，其信息来自译员的言语表达和副言语（如译员的语音、语调、重音、韵律、嗓音等）；另一个来源是视觉感知，其信息来自源语发言人和译员的非言语信息（包括其表情、动作、手势、体态及其使用的辅助视觉符号，如幻灯片等）。口译活动特殊的信息传播方式可以用模型来表示，如图2-1：

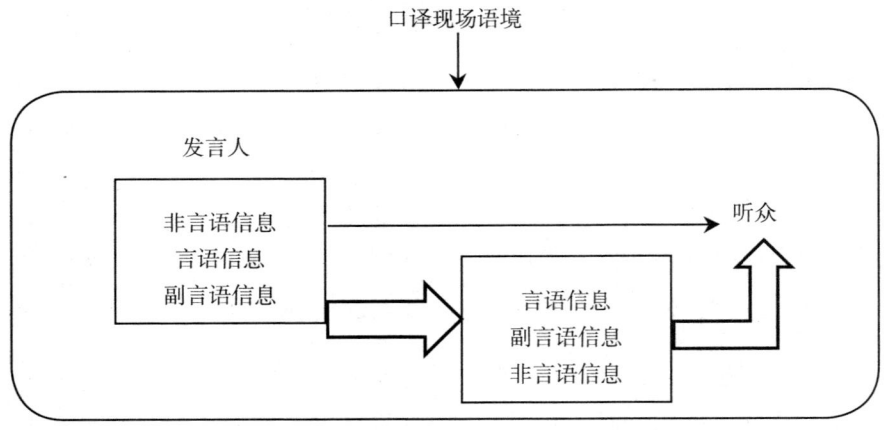

图2-1 口译活动特殊的信息传播方式

（五）口译信息结构及信息单元划分

口译活动的目的是便利双方的沟通，实现信息的传播。信息在传递的过程中具有有序性、结构性、多样性的特点，口译过程中信息的传递要以信息单元为基础。

释意理论最早对翻译中的意义单位进行了阐释。勒代雷指出，口译过程中由讲话人员引起的、受话人身上出现的知识动员瞬间称为"隆起点"，这些知识构成一个明显的心理单位——思想。隆起点、字词语义与认知补充的结合称为意义单位。这些意义单位与特定的语言长度并不吻合，意义单位是翻译中帮助建立等值的最小成分。意义单位只存在于话语篇章层次；与字词、音义段排列成的固定词组不相吻合。意义单位以精神状态出现，属于心理范畴的短暂意识状态。意义单位由意识状态变为潜在知识时脱离了语言，它是语言知识与几年前或几秒钟前存在的非语言的语言外知识相容的结果。使它出现的语言支柱既不是字词、图像单位，也不是分句、语法单位，而是保障它们相互交融的有声成分。正如释意理论本身一样，这种对信息单位或者说信息单元的划分相对比较抽象，难以用量化的标准进行衡量。无论是对研究者还是口译初学者来说，都是不太容易判断的概念和标准。换言之，释意派理论所认为的信息单元是一种定性的概念，难以在理论上进行界定，是一种比较模糊的概念。

蔡小红指出，对信息单位的划分取决于如何对其定位。如果口译质量评估中的信息单位定位于原文与译文的语码对应，那么分析就会在语言转换层面；而如果是定位于语义、意义、意图等范畴，就应该是在语篇的层面转换。而口译是在语篇层面进行的交际活动，因此在对信息单位界定时要有语篇意识。首先从信息数量方面讲，要取语义单位为信息单位。语义单位是以含有信息的实词为目标，可以以单词、词组、义段或意群的形式出现。同时出于信息质量方面的考虑，信息单位要具有叙事结构、论证结构和因果结构。因此她认为，在界定信息单元时要以语义为单位、有完整的意义级层、意义结构、关系结构、事件结构等，即要以信息点、信息意层、信息结构构成的系列单位来划分信息单元。

而对于信息单元的划分，鲍刚认为完全能够使用集合专家群体意见加统计学处理的方法，先进行定性测定，再做出一定的数学分析。也就是说，先由若干专家（奇数，三个以上）在某话语语篇找出主观判定的信息要点 X 若干，并通过抽掉 X 以观察是否引起理解缺失或困难的初步方法予以一次确认，同时给 X 以 1—10 个分值，要求专家对 X 的重要程度打分，再统计结果，通过取中值、平均值等方法予以二次确认。但是他同时也指出，这一方法虽然可以通过科学测量方法测量信息单位，并确定译员必须能翻译出来显性信息要点，但是由于其复杂性和操作方面的难以普及，并不适用于一般意义中的信息单元的划分。因此也不适用普通的研究和教学等需求。

杨承淑认为交替传译的翻译单位是言谈的段落，要在语篇传达话语的事件结构。译员要通过其口译活动建构一个信息完整的言谈，并涵盖事件结构。交替传译的过程是译员在做笔记的同时将话语的事件结构在笔记上加以布局，继而以笔记为中介表征通过笔记上的信息焦点将自己对于信息内容的理解以目的语加以投射产出。信息传递的途径是经由译员的取舍与转码之后通过少数的信息焦点及信息途径去重建一个语篇完整的话语内容。达到交际功能的交替传译应当不仅包括对语篇架构、内容完整、语义明确的要求，甚至还包括对语速、语感、沟通效果的追求。交替传译中的信息焦点与结构布局可以帮助译员构建完整的言谈内容，因而口译的信息单元就是引介成分加事件结构。杨承淑将其分为三段式言谈结构，如表 2-2 所示：

表 2-2　交替传译信息结构

形式特征	角色功能
1. 分列三行	建构完整的信息意义
2. 第一行左端：引介成分	引领事件的叙述：时间、处所、话题 显露叙述的态度：情态、连贯（逻辑、顺序、增补）
3. 第二行中间：事件主题	叙述事件的主题、起始、原因、关系等
4. 第三行右端：信息焦点	叙述事件的意义、属性、结果、状态等

五、本书概念框架

通过上文对核心概念的界定、文献的归纳与总结、相关研究的回顾，研究发现交替传译作为一种言语交际形式，其言语信息从语言层次的角度可以分为三类：语法信息、语义信息和语用信息。另一种分法则为：言语信息、副言语信息、非言语信息。对信息单元的划分有基于译员经验的非量化的划分；有基于语义、信息意层和信息结构的划分；有在专家测量基础上的科学定量划分；也有将言语信息的结构看作"引介成分 + 主题 + 焦点信息"的划分方法。信息缺失可以分布在三个环节，即信息提取、信息构建、信息表达之中。由于本书进行分析的材料工具是在语音实验室内进行的模拟交替传译，译员听音频进行交替传译，因而在信息的输入过程中并没有真实会议场景中面对发言人所输入的非言语信息。副言语信息虽然可以获得，但是相对难以衡量。故而本书将所探究的信息限定为言语信息。以下所有研究过程中的"信息"均指代"言语信息"，不再另行说明。为了全面地探寻信息缺失的特征（研究问题一），本书首先要对进行试验研究的源语语篇进行信息的划分，即言语信息中的语法信息、语义信息、语用信息，并结合实验所得数据进行分析，发现交替传译中信息缺失的特征。在划分信息单元的过程中，借鉴蔡小红和杨承淑对信息单元的划分方法，并加以综合利用。其次，拟从交替传译中信息提取、信息构建、信息表达三个环节分析信息缺失产生的原因（研究问题二），并结合三角测量的研究方法，总结或发现信息缺失产生时译员的补偿（应对）策略（研究问题三）。

  本章从国内外口译研究的发展历程出发，探讨了本书中涉及的核心概念：交替传译、信息与信息缺失、补偿与补偿策略。回顾了口译理论的发展路径，尤其界定了口译中信息的概念、类型，从而明确了本书的概念框架。

第三章 文献综述

一、引言

上一章中界定了本书中所涉及的几个基本概念定义，确定了本书的概念框架。本章对口译信息缺失和补偿的研究与文献进行综述。从信息加工过程出发，综述在翻译研究特别是口译研究中的信息损失与补偿研究。

本章共由五个小节组成。其中第一小节介绍本章的基本结构；第二小节介绍口译加工过程研究；第三小节介绍翻译损失与信息缺失研究、口译信息缺失相关研究；第四小节分析翻译补偿研究发展，包括对口译信息补偿进行阐释；第五小节对全章内容进行总结。

二、口译信息加工过程研究

从20世纪50年代末60年代初开始，研究者不再局限于经验之谈、感悟之见、猜测之得，而是开始从认知心理学与心理语言学的角度探讨口译过程。大多数研究者或许会认为当今口译研究的中长期目标仍然是更好地理解口译过程。对于口译研究来说，不仅是语言问题的翻译研究，更是思维过程的认知研究。在由信息到言语的复杂过程中，还有许多问题需要进行系统的分析与研究。每个学科的研究对象可以引入不同参照系，从不同视角进行研究。

传统的翻译研究一般以结果为目标取向，多对翻译结果进行随感式、印象型与体悟性的价值判断式研究。翻译研究在很长一段时间内，几乎都集中在对结果的分析和探讨上，忽视了对翻译过程的研究、译员和译者的心理及认知因素等被排斥在研究主体之外。而且很多对翻译过程的研究，即对译者认知及工作过程的研究深度还不够。

但是翻译理论要有所进展，必须研究翻译过程。换言之，我们要寻解译者翻译时发生了什么；这个过程为什么是这样，或者说口译行为是怎样进行的，即对口译过程的认知。翻译学的基本任务是对翻译过程及其中的问题进行描写、解释，并揭示、预测翻译的规律，然后升华为能够反映翻译实质的理论，以指导翻译教学与实践。因此，应该聚焦于翻译过程而不是终端产品。在特里亚斯特大学召开的口译大会上，道兹（Dodds）发布口译研究的第一次学科宣言时指出，口译研究可以进行跨学科研究，从其他学科中吸收解释与分析的工具，但同时又应该成为不同于其他学科的一门独立学科。

跨学科研究成为科研的主导方向之一，是翻译学的活力所在。应该借鉴相关学科的理论方法或者研究成果，对口译进行跨学科多视角的研究，尤其是对译员语际转换的内在心理机制与言语信息加工的认知过程的研究。而且基于口译认知心理的过程研究是口译心理学的重要研究目标，也是其有别于其他译学研究的本质特性所在。具有明显跨学科特征的口译心理学研究在口译研究领域尚未取得所期待的基本成果，且其跨学科特征与心理取向的研究方法也未在口译研究领域得到应有的关注。所以借鉴和运用相关学科的最新研究成果、理论和方法，进行口译的认知心理学研究是口译研究者所面临的刻不容缓的任务。

口译心理学的本体论核心主题是言语理解与言语生成的基本心理过程，着重研究双语转换的心理过程、认知机制及信息处理过程，需要运用语言学理论（如心理语言学），需要考察译者的心理过程。口译是两种语言的心理转换，包括译员的源语理解与源语生成。该转换过程大致经历了从源语感知、理解，以至于产出的双语信息处理过程。具体表现为接收、解码、记忆、编码与表达等阶段。而且双语信息转换的过程在两种语言的语音、词汇、句法、语义、语篇等层面交互进行。所以从本质上看，双语翻译的转换过程既是语言的，也是认知心理的。

对于口译研究产生影响的各学科、分支学科与交叉学科中，最具影响力的是认知心理学与心理语言学。口译是复杂的智力活动，因此一个符合逻辑的灵感来源就是认知科学，而且口译研究与心理学的很多分支领域相联系，包括认知心理学、心理语言学这些领域本身就具有很高的学科交叉性。

卡罗尔认为语言加工是语言学原理和心理机制的共同产物。

而且口译任务的成功与否以及它所达到的效果，是由译者大脑认知机制的运作方式和语言处理效率所决定的。心理语言学研究的核心问题即言语使用涉及的心理过程，而且加工语言说到底还是在加工信息，而认知是对信息进行加工处理的过程。信息加工的观点将大脑看作类似于计算机的信息加工系统，并将两者之间的工作原则与过程进行类比。计算机程序与认知过程的功能类似、信息加工原则一致。都是在环境中获得、加工储存与使用信息的过程，而且两者的基础是以符号形式表现事物的能力与加工以及操作符号的能力。而认知心理学是其他社会科学的基础，讨论心理如何被组织而产生思维以及心理如何在大脑中实现。其实质在于主张研究认知活动的过程，并且将该心理过程看作信息加工过程，其与信息加工模式研究该过程，即如何获得储存转换与利用信息。

鉴于认知心理学与心理语言学对口译认知加工的启示及其对口译实践与教学的意义，口译活动的深层认知加工逐渐成为口译模式研究的重要对象。

西方对口译过程的认知心理研究从20世纪80年代末起占主流地位，国内该方面研究比较滞后，甚至我国口译研究没有呈现出明显系统的跨学科性。在跨学科的口译认知心理过程研究中，研究者从不同视角出发，解释口译过程并提出一些口译过程模式，如诸多研究者提出的同声传译产出过程模式。上面较为复杂的心理模型详尽描述了同声传译过程的心理结构与信息加工过程，试图反映同声传译的真实加工过程，而且以直观而形象的方式呈现了口译加工过程中信息流动的全过程，既有利于认识口译信息加工过程中各环节的性质功能与特点，也有利于明确把握各加工环节间的互动影响与作用。上述描述口译过程的模式虽不尽相同，却都认为口译不是从源语到译语的转码，而是接收源于信息后再经过信息概念转换，最后以译语的形式表达言语的意义，但是上述模式仍然难以充分运用到实际的口译实践与教学中，而且以前的口译跨学科研究集中于同声传译，对交替传译的研究相对较少。

在口译研究中，对翻译客体赖以产生的心理过程的研究，却未获得研究者的普遍关注，需要加强理论的宏观整合，而且很多研究为对口译认知心理过程，进行全程扫描与深入透视，以解释口译过程中言语认知的相互作用。同时口译作为言语信息处理任务，其专业技能的关键在于核心的认知层面，而不仅仅是言语层面。所以，研究应该成为一项利用认知心理学与心理语言学相关理论成果，对口译活动本体及口译过程进行跨学科研究的尝试性努力，从化学跨学科角度，在梳理与借鉴认知心理学与心理语言学等相关理论的基础上，聚焦于口译过程。进行全程扫描与气息深入透视、构建两个认知心理全程模型。

纵观20世纪50年代中期以来的口译研究历程及成果，本书把口译研究中对口译活动的认识归纳为以下五种视角：（1）把口译看作一种信息处理过程；（2）把口译看作可分解并学习的技能；（3）把口译看作一种认知处理过程；（4）把口译看作一种社会互动行为；（5）把口译看作一种社会文化活动。这五种认知口译活动的不同视角决定了口译研究的不同取向及其相应的研究范式。

波赫哈克也归纳了目前常见的五种口译研究范式，即（1）

释意研究范式；（2）认知处理研究方式；（3）话语互动研究范式；（4）翻译理论研究范式；（5）神经语言学研究范式。这些范式在不同程度上相互关联相互补充，而非相互竞争。

按照仲伟合、王斌华"口译研究的学科框架"，该研究的学科认识论是视角，是认知思维层面与语言转换层面的口译研究；学科方法论是探索；研究对象是口译过程；研究目标是探索研究；研究的主要方法是理论思辨法。按照口译研究基本方法，该研究使用跨学科借鉴法与模型设定法，前者即借用其他学科已有成果。口译理论研究属于边缘学科，因此不可避免需要借用其他学科在已有资料分析研究或者口译工作方法总结的基础上，对口译某些程序的抽象化过程。其主要特点是公式化、抽象化、表现为口译工作过程或者方式的程式化总结，尝试用图形或者公式等加以表达。

模型是对描写的外在而非内在表征，是理论的实践形式，回答是什么的问题。其中关于口译过程模式的构建，将口译程序的研究模式分为描写性模式与解释性模式，前者侧重口译过程操作环节、处理阶段、思维因循路线的表现；后者侧重口译活动过程中译员注意力的分配及分配导致的结果，分析译员如何用相关知识对主体进行预测与推理。

该研究构建的模型既有描写性也有解释性。目前大多数口译研究模型意识到口译的阶段性语言学特征，并在其模型里明示或者暗示必要成分与功能，但是很多模型采用的是静态描写方法，没有能够解释口译复杂的动态特征及其心理过程，鉴于此，研究借鉴认知心理学及心理语言学的理论成果。采用动态描写方法，构建口译认知心理模型。从本质上说，模型是关于某种东西像什么以及它是如何起作用的一种假设。因此，构建模型可被视作一种特殊的理论探索模式。口译过程的特殊性在于要求译员对公示信息进行并行处理。吉尔认为该过程有三个基本认知负荷，分别为语言理解、产出与记忆，后来增加了协调能力。认知负荷模型以认知理论为基础，对口译操作过程有一定解释力和预测力。

吴文梅对口译过程认知心理的探索，建立在传递的基础上，核心是信息的认知心理加工，通过源语理解以及语言转换，语义与表达等基本程序得到表征，口译的中心任务就在于传递意义。所以译员的职责是将发言人所欲表达之意与听众所欲理解之言融为一体，而且在连续传译中进行释意翻译的可能性较大。当然除了意义之外，篇章语义信息与笔者要表达的意思、情感信息，以及适当的语言形式，都是译者要理解和表达的内容。因为翻译行为旨在理解话语篇章，然后用目标语言重新表达。该研究对言语检验与加工过程中译员的心理机制及表现、认知心理过程进行研究。因为翻译的过程从本质上看是心理的认知的，它不仅表现为源语输入和译语产出这一外在的言语行为和言语事实，而且也反映了译者语气转换的内在心理机制和言语信息加工的认知过程。所以该研究以一般言语理解与言语产出为口译过程构建的参照系，分析源语理解。分析源语理解与英语表达过程，尤其是聚焦于口译认知心理过程。借鉴认知心理学与心理语言学的相关理论，构建口译过程认知心理模型"M" Model(Meaning 的首字母为 M，并且该模型的外形像字母 M，故得以命名)。表明了口译认知心理过程的基本流程。口译过程认知心理模型"M" Model，直观而形象地呈现了口译过程中信息流动的全过程，可以清楚认识口译过程中各环节的性质特征与功能，把握各环节彼此间的影响作用。口译是一种复杂的行为，其特有的复杂之处和译员的主要困难并不在于双语转换时词语和结构的选择，而在于口译过程中需同时执行听辨、理解、记忆转换、表达的多重任务，并必须在多重任务之间进行最佳的协调综合。

当然，"M" Model 中的环形路线，包含众多较小的循环，其发生于源语话语情境与源语话语之间，译语话语情境与译语话语之间，分析的各步骤之间，以及源语话语分析与译语话语中和之间。这意味着每前进一步，译员需要回顾分析过的因素、分析与理解过程中获得的任何知识会随着以后的发现而做出相应的改正或者确认。翻译不是从源语到译语的线性渐进过程，而是循环递归过程。其中包括不确定数量的反馈环，在反馈环中可以，甚至需要返回到分集的剪辑阶段，或者说源语理解、语义与表达不是分割的独立活动。译员无论是在源语理解还是在译语表达过程中，都有两种语言文化结构在作用，即在理解时有译语语言文化的形成过程，在表达时又有源语语言文化的渗透，译员在理解与表达过程，中对双语语言文化的协调就是口译过程中内在的转换机制。这些步骤或者阶段之间是实时在线共识互动、能量共享、源语理解与译语表达之间的注意力交替转换的过程。将各水平因素分开分析，不过是方法论上的手段，在实践中各水平因素构成了互相依赖的复杂系统。

对口译研究而言，最困难的是信息处理过程。不论描述口译全过程的模型，还是部分过程的模型的研究导向或者侧重点如何,模型在系统的口译研究过程中都有其价值。一个具有解释充分性的口译多任务处理模型,应该是围绕译员多任务处理心智运作的全方位启动及认知。处理过程的顺序性并非是从源语到一种译语的线性推导信息加工,而是涉及多种复杂认知结构的认知处理过程。①

吴文梅采用认知处理研究范式,把口译看作一种信息处理过程与认知处理过程,以口译实践、教学为背景、导向或归依。具体来说,研究属于口译过程研究的中间阶段——口译的信息加工处理,如知觉、注意、理解、记忆转换与表达等。

"注意"是口译认知中非常重要的一环。兰伯特(Lambert)提到1890年詹姆士(James)的研究,人要同时有意识地做两件以上的事情,一定要具备同时处理这些事情的能力才可能做到。根据波尔翰(Paulhan)和杰费(Jaffes)等人的说法,则是注意力快速地在两件事情间来回跳动。而依索洛蒙斯(Solomos)和石坦恩(Stein),或是赫斯特(Hirst)等人的说法,则是两件事中,至少有一件是不需要意识控制的,也就是说其中一件事是一种自动的行为。后来艾尔波特(Allport)等人在1972年的是研究报告中指出,只要输入讯息和同时在做的另一件事情性质不一样,就可以同时做两件事情。艾尔波特等人在他们的实验中,让受试者一边听一边跟着说一篇讲话,并且同时观看一些复杂、互不相关的画面,或是同时看钢琴琴谱。这些实验和研究为同时做两件事情或者同时做多件事情,即我们现在所说的多任务处理

---

① 以上三段参见吴文梅:《口译过程认知心理模型构建》,厦门大学出版社2015年版,第二章第4节。

(multi-tasking) 提出不同的解释。但是他们共通的一点，就是注意力不可能平均分配在同时进行的两件或以上的事情上。

在交替传译的过程中，译员一边接收输入的信息，一边记下笔记，等于同时在做两件事情。要将这两种性质完全不同的活动协调整合成一个活动是十分不容易的，因为二者涉及不同的感官，而且写在笔记上的内容信息不见得与实际听到的信息相同。在做交替传译的过程中，注意力应该快速地在听与记之间来回跳动，而在输入信息清楚易懂时，译员这种注意力来回跳动的速度很快，频率很高，所以看起来好像是同时在做两件事情。也就是说，译员如果对其中一件事情感觉比较确定或容易的时候，就会把注意力转移到另外那个同时在做的活动上。另外一个活动一旦也已经确定了之后，则注意力又立刻再回到原先第一个活动上。因为这种跳接的动作十分快速，所以理想中不会有信息漏听的现象。但是，信息的接收很少有完全通顺无阻的，一旦输入信息中有特别难懂的地方，或者在某一点上出现了特殊的情况，如声音比较小、口音比较重等，译员往往会停下笔，甚至完全停止记笔记而专心地听。这时注意力会在听的上面停留时间较长，这样注意力来回转移的频率就会变得比较缓慢。一旦听明白之后，译员就要加快速度，将刚才专心听的那段信息补记下来。此时的译员如果经验丰富，就会知道必须让注意力在快速补记与听下一段信息之间，做更快速的来回转移。但是，如果译员技巧不够熟练，也许只会拼命补记信息，却忘了继续听。也就是说，译员的耳朵虽然听到持续进来的声音，却完全没有听清楚进来的信息究竟是什么。正如卡特里艾瑞（Cartellieri）所说，译员的听是一种开 /

闭式的听。也就是说，当信息复杂难懂的时候，译员听得非常仔细而专心，而在信息比较简单易懂的时候，在听上花的力气就会少一些，而把精力放在另外的任务上就多一些。这也是为什么译员可以把困难复杂的片段译得十分完整而准确，却会在十分简单的地方译得不那么理想。

交替传译中译员的听是有选择的听，是已经经过分析的听的过程。而且从表面上看，听与分析的过程是同时进行的。在谈到分析的时候，首先应该想到的是分析的对象，也就是信息（information），以及对信息的处理，即信息加工（information processing）。

处理或者加工信息首先是要理解信息。而从心理语言学的角度来讲，是一种"确立意义的过程"。正如兰伯特提到的"筛子"(filter)理论。最初博班特（Broadbernt）在1957年指出，人对信息的接收有一定的限度，所以我们对信息就会进行"筛选"（filtering）的工作，只有这样才不会超过负荷。奈瑟尔在1967年类似理论中的探讨时提到，有些信号（signal）会通过"筛子"进行进一步的处理，而其他的信号则不会通过。特瑞斯曼（Treisman）则在1960年提到，那些没有通过的信息只是变弱了，而不是完全被筛掉了。一个非常著名的实验是"双耳分听追随实验"。实验中，受试者的双耳会听到完全不同的材料。结果发现，当有意义的材料从追随耳转到非追随耳时，受试者不顾实验者的规定而去追随意义，即转向另一只耳朵。这只有在过滤器允许两只耳朵的信息都能通过的情况下才能实现，也就是说，人可以同时注意两个通道的刺激。

然而这一实验也引发了很多质疑的声音。有人认为,尽管没有完全否定过滤器模型,但对这个模型的核心思想,即只存在一条通向高级分析水平的通道,提出了严重质疑。而特瑞斯曼也承认,如果刺激呈现慢,信息流动慢,是可以同时注意几个通道的。由此特瑞斯曼提出了注意力衰减模型(attenuation model of attention)。根据该模型,过滤器不是按照"全或无"的方式工作,而是按照衰减的方式工作的;既允许追随耳的信息通过,也允许非追随耳的信息通过,只是非追随耳的信号受到衰减,强度减弱了,但一些信息仍可以得到高级加工;已经储存的信息如字词在高级分析水平有不同的兴奋预先;追随耳的信号通过过滤器时没有受到衰减,保持原来的强度,可以顺利地激活有关的字词,从而得到识别;非追随耳的信号由于受到衰减而强度减弱,常常不能激活相应的字词,但是特别有意义的项目如自己的名字则有较低的阈值,可以受到激活而识别。

博班特和特瑞斯曼的过滤器和衰减模型有其共性:都认为高级分析水平的容量或通道容量有限,必须用过滤器给予调节;过滤器的位置在这两个模型中是相同的,都处于初级分析和高级的意义分析之间;这种过滤器的作用又都是选择一部分信息进入高级的知觉分析水平,使之得到识别。但两者也有不同之处:过滤器模型过滤期的"全或无"的工作方式改为衰减,单通道模型改为双通道模型。而之后以多伊奇为代表,后经由诺曼在1968年加以完善的注意反应选择模型认为,输入感觉通道的刺激信息都是可以进入高级分析水平阶段的,也是可以得到全部的知觉加工与处理的,信息的选择依赖于刺激信息的知觉强度以及意义。注意并不仅仅是选择刺激信息的物理特征或语义，而是选择对刺激信息作出何种反应，即神经中枢的分析与综合的结果可以识别一切输入的刺激信息，但输出则是按刺激信息的重要性来进行安排的，人只有对自己感到重要的刺激信息才会作出反应，而对自己认为不重要的刺激信息则不会去作出反应。但是，当出现对自己来说更重要的刺激信息时，就会剔除原来认为重要的刺激信息，改变以往对刺激信息重要性的标准，并相应作出调整性的反应。他们认为，刺激信息到达长时记忆系统并激活了其中的有关项目，然后竞争工作记忆的信息加工，人的注意是一种主动的信息加工机制。

反应选择模型理论与过滤器模型、衰减器模型的差别在于，刺激信息进入知觉分析阶段后，注意是对刺激信息反应的选择，有一些信息之所以未被注意，是因为个体已对另外的刺激信息作出了反应，即注意了其他的刺激信息，导致在知觉分析后的另外一些刺激信息得不到继续加工与处理。从模型中可知，注意的选择是发生在刺激信息加工与处理的后期，而不是在前期，至少是在刺激信息已经得到辨识之后。因此，在刺激信息没有得到辨识之前，所有的刺激信息都会进入感觉通道，并没有通道容量的限制，也没有对刺激信息的选择性处理和加工，注意的选择是在刺激信息被知觉分析之后发生的。

之后引起人们注意的是中枢能量理论，由卡尼曼(Kahneman)提出。该理论不同于上述模型的是，它认为注意的有限性是信息通道的接收有限，要用能量或资源的分配来解释注意。资源的分配决定注意的取向。资源的分配受四个因素制约：首先受制于唤醒因素的可能的能量；其次是当时的意愿；再次是对完成任务所需能量的评价；最后是个人的长期倾向。根据该理论，能量或资源的分配可进一步分为资源限制过程和材料限制过程。资源限制过程是指其作业受到所分配的资源限制，一旦得到较多的资源，其作业能顺利进行。材料限制过程是指其作业受到任务的低劣质量的影响，即使分配较多的资源也难以顺利完成任务。例如，在嘈杂的背景中，要听清楚一个微弱的说话声，即使分配更多的资源，也难以听清。

该理论能较合理地解释日常生活中看到的一些现象，如一心二用。一个人能同时做两件事而不受干扰，这是因为这两种活动所需资源未超过个人能量分配的资源总和。又如某些活动不能一心二用或只有一种活动能操作得好，这是由于该种活动分配了更多的资源，或者是两种活动所需资源超过了总资源。注意是一种复杂的心理现象，不可能由单一的机制来实现。上述理论正是从不同角度揭示了注意的特性，使我们能多方位地把握注意的本质。

而在交替传译中，译员需要一边做笔记，一边对信息进行处理。假设口译员是在完全专注的情形下工作，在毫无障碍的情况下接收了所有的信息，这些信息同时会经过筛选的过程。也就是说，不是每一个信息都会通过这个筛子进入更深一层的处理过程。有些信息（如字词）像杂质一样被筛掉了，译员也许根本不记得它们，或者即使记得，也绝对不是重要的部分。至于那些通过筛子的信息，则在译员的脑中做进一步的处理。这进一步的处理与记忆的运作有关。如果把筛子理论换一种说法，也可以说人对信息的处理有不同的深度。当听一段话时，第一层的处理应该是属于语音方面的处理，这是比较浅的处理。接下来，信息会进入较深一层的处理，即语义的处理。

王建华通过调查表的方式就此问题展开研究。研究对北京高校大学生口译过程中运用短时记忆的情况进行调查。调查表包括13个问题，分别为：源语言信息持续的时间通常为多久；能记住的平均信息长度为多少；一条信息需要听几遍才能记住；在口译之前需要多久的时间处理信息；翻译后多久会忘记该信息；翻译的准确率有多少（自我评价）；你认为什么样的信息最难记；你认为运用短时记忆时遇到的难点的原因是什么；锻炼短时记忆所采取的方法；在口译时能对短时记忆以及辅助记忆起作用的方面；锻炼短时记忆的频率；训练短时记忆的方法、效果如何；英语老师是否通过网络学习提出任何建议。总结起来，调查表中要求学生回答的问题主要涉及四个方面：第一，学生目前运用短时记忆的情况；第二，在口语中运用短时记忆时遇到的问题；第三，怎样改善短时记忆能力；第四，教师运用短时记忆对于学生口译技巧的影响。

王建华共发放120份调查问卷，实际回收120份。并按照上面提到的四个方面对所有信息分类和处理。对一个问题作出同样回答的被放到一组以保持比例平衡，并对每一组的重要程度进行解释。调查研究的结果显示：首先学生运用短时记忆的情况，有将近半数（43.33%）的学生经常翻译的源语言片段长度在5—15分钟；23.33%的学生翻译的源语言片段为15—30分钟左右；只有15%的学生经常翻译一个小时左右长度的源语片段为；

11.67%的学生可以应对半个小时至一个小时的片段；6.67%的学生只能应对5分钟左右长度的翻译。这些数据表明大多数学生更愿意翻译篇幅较短、语速较慢的片段；对于那些信息量大、篇幅较长的片段，能够胜任的学生数量很少。这就涉及怎样在实际操作中记住长片段的问题。

而对于最理想情况下记住信息的平均长度，所有学生一致认为两三句话的情况下，他们的短时记忆状态最好；其次是5—7句话的片段，此时学生的短时记忆处在较好状态。然而，18.33%的学生表示在翻译一句话的时候就无法记住这句话，这一结果证明源语片段越长记忆处理过程有困难。在相对较长的语言片段时（通常在实际口译）学生主要需要注意运用短时记忆储存信息。值得注意的是，只有10%的学生听一遍口译视听材料，就能用短时记忆把信息记住。剩余90%的学生中大约有51.67%的人需要听两遍材料才能记住（通常第一遍用短时记忆，第二遍记笔记），需要听3遍的人占到20%，而听的次数越多越好的人则占到18.33%。这些数据说明，大多数学生没有很好地运用短时记忆，也就是说不擅长只听一遍就总结接收到的信息。这一点会妨碍他们控制源语信息的流动，并导致将来口译时产生心理障碍。

在口译中运用短时记忆包括以下步骤：译员以信源——语言信息进行编码储存信息，检索信息以及用目的语解码信息。为了翻译出的内容具有逻辑性，在口译之前对信息进行处理非常重要。但是针对口译前处理信息所需要的时间所做的一个调查表明，大部分人（38.33%）需要1—3秒的时间处理信息；占第二位（28.33%）的是4—5秒；而多于5秒的占23.33%。这些数据反映出接受调查的学生在口译过程中运用短时记忆的情况。对源语言片段作出快速反应的人，运用短时记忆的能力也就越好，因为他们能快速地处理完已经听到的信息并准备好接收下一段信息。如果反应延迟，比如说花费的时间超过5秒，就会造成短时记忆负担过重，继而导致整体信息遗失。

但是，其调查也印证了一个事实：记忆可以对大量信息进行编码，但对信息进行解码时，情况就没有那么乐观。这些学生面对的问题在于搜索和回忆信息的时间过短，因此不能圆满地完成口译。5%的受调查者听到信息之后立即就遗忘了，也就是说没有可以翻译的材料；11.67%的人可以在短时间（150秒）内储存信息；而几乎1/3的人表示在6—10秒内原来的信息就会从短时间内消失；约有50%的学生声称10秒之后就会忘记短时记忆中的编码信息，遗忘信息需要的时间是容易被人接受的。因为口译者在说话人开口后不久就要进行翻译（同传的情况下，则是与发言人同时说话）。因此一定的时间（约6—10秒）足够译员有目的地对信息进行解码，这个时间不应该太短，以至于翻译发生错误；也不至于太长，而与其他信息发生混淆。

在要求被访者评估自己的翻译时，如果认为一本有90%—100%的准确率是最为理想的状态。那么只有一部分（38.33%）学生对自己的翻译满意，认为有70%的准确率。而大多数（56.67%）的学生对自己50%的准确率不满意；甚至还有5%的学生连最低要求30%的准确率都不能达到。虽说短时记忆只是早期口译训练过程中的一个技巧，但它已被证明在口译早期起着非常重要的作用，并且对其他的口译技巧也有着一定的影响。因此从某种程度上来说，如果不能较好地运用短时记忆，译文的质量也会受到影响。总之学生为了口译运用短时记忆的数据，显示了好的一面，即大多数学生已经意识到短时记忆的重要性，并且愿意加以运用。然而值得注意的是，大部分人忽视了在口译过程中运用短时记忆，其结果自然是只有较少的学生对自己的口语结果满意。

关于在口译中利用短时记忆难以记住的信息类型，各种类型的信息，都占到一定的比例。特殊名字、数字、目录和术语分别占23.233%、21.267%、20%和25%。还有10%的学生认为符号、缩写和术语，是他们在口译时运用短时记忆遇到的最棘手的问题。自然不用说实际情况下，源语言包含一种或多种上述类型的信息特别是在谈及某个领域时会用到的术语。因而译者解决语言方面的问题，如拼写、名字、发音、数字、语速，以及专业方面的问题，专用语是非常必要的。

关于造成记忆难点的原因，实验的结果显示出甚至源语信息的主题和内容，对于31.67%的学生来说都是难题。他们听到不熟悉的内容时会感到紧张；但更大一部分学生因为缺乏集中力而感到困扰，因为他们无法在脑海中对信息进行编码，并从短时记忆中回忆起这些信息（50%的学生属于这一类型）。有11.67%的学生是因为生理原因（大脑结构）而导致在口译中运用短时记忆有困难；只有相当少的一部分（3.33%）学生是因为心理原因而出现问题，毕竟口译是一种压力很大的工作；还有8.33%的学生认为难题产生的原因在于主观方面（外部环境）——在面对观众或听到噪音时，他们的大脑不容易集中力精力。这些结果表明，学生在口译中恰当地运用短时记忆是很困难的。经常发生的情况是他们疲于顾及说话人连续不断地发言，使得他们不能集中精力，导致他们情绪紧张。因此，使学生了解关于短时记忆的基本知识，并教给他们一些改善短时记忆的有效方法是非常必要的。

值得注意的是，关于学生锻炼短时记忆能力的频率，一多半（58.33%）的学生有时会为了改善短时记忆而锻炼短时记忆能力；而有约三分之一的人（31.67%）承认，他们几乎不锻炼短时记忆能力。但有一些（10%）学生非常重视短时记忆的练习，并把它当作一种日常活动。这些数据表明：大多数学生并没有给予短时记忆足够的重视，所以用于锻炼短时记忆能力的时间才会如此之少。40%的学生一旦需要提高口译中的短时记忆能力，就会利用磁带或声音文件。锻炼短时记忆能力的方法包括列举事物（6.67%）、总结故事（21.67%）以及同学间相互帮助（31.67%）、利用母语者所说的语言或是数码设备播放源语言进行练习被证明是最常为人所用的观点。这一发现巩固了一个看法，即学生有意识地采用了难度较高的方法锻炼短时记忆。

对于学生利用其他技巧辅助短时记忆的频率，调查结果显示：大部分（35%）学生利用笔记帮助提高短时记忆容量；如果提前知道口译的内容，学生则会从以下几种方法中选择一种：30%事前讨论、20%准备大纲、其余占15%。可以肯定地说：学生为了达到学习目的做出了相应的努力，并能运用其他技巧来提高自身的能力。

而关于北京某大学的大学生所做的实际训练的效果，我们发现只有一小部分（8.33%）学生认为他们所做的练习相当有效；而大部分（63.33%）认为练习有一定的效果，即他们普遍认为短时记忆练习是有效的。所有人都认为这种练习对提高口语能力有一定的作用。简而言之，部分的内容表明人们认为短时记忆是一种有助于提高口译能力的辅助工具；所有的学生都认为运用短时记忆和其他技巧帮助口译是很有效的。然而根据短时记忆练习的频率和效果，我们可以说这些学生并没有较强的动力在口译学习中运用短时记忆，大多数人并没有找到训练短时记忆的合适方法。就教师是否在锻炼段时间方面为学生提供了一些有建设意义的意见，45%的受调查学生认为他们的老师有时会就口译中的短时记忆给予他们有实用价值的建议；另有15%的学生认为他们的老师经常为其提出建议；然而有32.5%的学生说他们的老师很少给予他们运用短时记忆提高口译能力的建议。这一结果表明，老师在锻炼学生短时记忆的过程中起着重要的作用，如果老师能够更多地教导学生如何更好地运用短时记忆，那么取得的效果将更好。

此外，王建华还进行了一个实验分析，他让两名中国译员进行了两段英译汉和汉译英的交替传译，然后将交替传译的结果进行分析，找出口译中的失败之处，并根据吉尔的交替传译认知负荷模型分析其原因，从中得出启示。

实验结果显示，英译汉中两位译员的问题都很明显，大部分都出现在第一段。这说明译员由于母语的优势，在交替传译英译汉的输入阶段，在听力分析、笔记等方面会出现不少问题；而输出阶段的问题相对较少。所以，中国译员应加强英语听力理解和分析能力。汉译英中，两名译员在第一阶段出现的问题和第二阶段出现的问题基本持平，确切地说第二阶段的问题略多于第一阶段。由于在原文中的中文非常清晰，所以听力理解对中国译员不成问题，这说明在笔记和英语表达方面，译员还存在不少问题。所以，中国译员应多加训练自己记笔记和英语的表达、输出方面的能力。

王建华也指出，由于实验的局限性，记忆、协调这两个因素没有得到很好的研究。但是这两个因素也在一定程度上得到了体现。比如，在汉译英交替传译中，译本难度系数不高且发音准确清晰，对于中国译员来说听力分析不会成为阻碍。但在笔记和理解上仍然出现了问题。这就可接表明了译员没有协调好各方面的注意力，才导致原本简单的环节也出现了问题。又比如对于有些信息点，译员在笔记上清楚地记录了下来，而且信息本身也不难表达，但是在输出时译员还是出现了问题，这就表明译员的记忆出现了问题，才会对信息点的读取出现偏差。虽然由于实验者本身能力和实验条件的局限，实验分析还有待向更精深的方向努力，但是通过这个实验至少可以确认吉尔提出的精力分配模型的各个因素，确实在口译中存在并且发挥着重要作用。

王非认为口译过程中的信息加工研究范式有两大类：一类以法国释意派学者为代表，倾向于人文科学研究范式，采用论证、反思、定性和阐释等方法探究口译的认知过程。释意学派的创始人塞斯克维奇和勒代雷提出源语转换成译语的两条途径，即"脱离源语外壳"途径和"语码转换"途径，或者称为"基于意义的方式"和"基于形式的方式"。另一类研究更侧重自然科学的范式。研究者采用认知心理学和神经科学实验等实证研究路径，致力于探索口译语言转换过程的机制研究,并提出了"串行加工(serial processing)"与"并行加工(parallel processing)"两种信息处理模式。"串行加工"模式认为译员只有在源语理解完全结束后,才开始将源语转换成译语,两种语言之间的转换以非语言形式的抽象概念为中介,理解、转换、产出这三个阶段按照先后顺序进行串行的互不干扰的加工。源语经过字词、短句和语篇这三个层面的逐步处理,最后变成抽象的概念,然后再借助目的语的语篇、短句和字词路径最后输出。"串行加工"模式观点不同于并行加工模式,认为言语理解的加工过程已经同时激活了译语并和译语在词汇或者句法层面进行了匹配,也就是说语言转换加工在源语理解阶段就已经开始了,因此语言理解转换和产出过程是两种语言相互作用、互相影响的加工过程。

三、信息缺失研究概述

根据信息哲学的观点,既然特定内容的信息是由载体的特定结构模式来载负的,那么就很容易理解一种结果:一旦信息所赖以存在的载体,在其结构、模式方面发生了改变、损害或丧失,那么就有可能导致与这一载体相对应的特定信息的内容也将发生改变、模糊甚或缺失。人们称之为特定信息的部分或者全部的"耗散"现象。即使是对于特定的某一信息,由于观察者不同,或者观察者看待这一信息或者事物的角度不同,理解的方式不一样,也可能造成千差万别的理解和看法。这种"理解上的歧义性"是由于人们的认知差异。实际上,只有人们的内部认知模式信息匹配得上外部对象信息的模式时，才能够实现。所以从某种程度上说，人的内部认知与实际事物不能够匹配，就会造成信息在不同程度的缺失。

正如在前文对言语信息与信息差这一部分中探讨过的，口译过程中源语译员（相当于话语交际过程中的受话人）对源语讲话的信息无法完全理解或者接收，也会形成"信息差"。无论是形成"信息增值"还是"信息减值"，都与源语讲话信息有出入，都会造成信息方面的缺失。

（一）翻译损失与信息缺失

翻译损失是指翻译过程中信息、意义、语用功能、文化因素、审美形式及其功能的丧失。翻译是一种复杂的不同语言之间的交流和沟通的活动，是一种信息的传递。信息的传递离不开信息源。相对于译者而言，信息的来源即源语文本。译者根据自己个人的研究和理解来接收源语文本中的信息。之后译者按照自己的语际交际能力，依据自身的理解能力，对源语文本中的信息进行分析和加工。对信息进行加工的过程，实际上就是一种重新编码。通过这种重新编码的形式，译者以自己的方式，重新构建传输给目标读者的信息。而且由于语言自身的复杂性，语际翻译过程中会有很多信息学中所说的"噪音"，即信息传输过程中的干扰因素。因为译者是用不同于源语的母语思维工具对源语文本进行分析和解释，其母语思维方式所携带的噪音就不可避免地会对理解造成干扰，这些干扰就会造成信息传输过程中的损失。

（二）口译信息缺失相关研究

很多研究者从认知心理学的视角探讨了口译中的信息缺失。德格鲁特（De Groot）将口译信息缺失归因于口译信息提取失败。口译信息提取失败可归结为三个方面：一是受倒摄干扰和前摄干扰的影响；二是受紧张情绪影响；三是受"发音抑制"效应的影响。研究表明，在译语输出活动本身会逐渐干扰工作记忆中的语音环（phonological loop）的"默读—复述"功能，从而妨碍对输入信息表征的重复激活与保持，影响信息提取任务的执行效果，直接表现为译语中部分甚至全部信息的遗漏。

张威通过对现场口译活动的观察与对译员的访谈，考察译员认知信息处理能力在实际口译情境下的具体作用与表现。他认为信息的缺失，或者说遗漏（loss），即认知心理学中所指的省略（omission），是指认知任务执行过程中对某些信息的节略性处理。语义信息（相当于本文所讨论的主要信息，这里语义信息被定义为"主题信息、关键术语、专有名词、关键数字"等核心信息）省略主要是由于三种原因，即知识欠缺性省略、记忆负荷性省略、口译策略性省略。

该研究也具有一定的局限性。首先，将观察性研究应用于复杂的口译记忆现象，会有难以避免的局限性；其次，该研究是针对汉英同传语料进行的，并没有包括英汉方向，且不涉及会议口译模式之一的交替传译；最后，研究者观察的对象是一名职业译员，观察的场景为真实口译场景，样本数量偏小，而且对于口译教学环境中学生译员的类型没有涉及。因此，后续研究可以从研究方法、研究类型、研究样本等方面进一步展开。

四、口译补偿研究发展

补偿是一种交际策略。补偿是言语学习者因为第二语言知识有限而采取的一种表达方式。为了达到交际目的，学习者有时不得不采用另外的方式补偿在语法或词汇上的缺陷。

（一）翻译补偿研究

翻译转换过程中，当遇到难以直接传译的词句，译者往往需要借助译入语特有的语言表现手段，尽力弥补译文语言效果方面的失真与缺损，以使译文达到与原文大体相同的效果，这种翻译过程就是补偿。

补偿策略可以分为语言策略与概念策略、母语策略与二语策略、合作策略与非合作策略。而从小类来看，包括语言策略的语义替代、词汇缩减，概念策略的示范、举例，母语策略的语码转换、直译，二语策略的描述、造词以及合作策略的提问、寻求帮助，等等。

翻译界提出了多种翻译补偿策略。其中比较有标志性的当属赫维（Hervey）和希金斯（Higgins）的四分法（转类补偿、转位补偿、兼并补偿、拆分补偿）。此外，我国学者也对翻译补偿策略的划分进行了各种尝试。马红军提出了显性补偿（explicit compensation）和隐性补偿（implicit compensation）的概念。夏廷德提出了翻译补偿八分法，即整合补偿、分立补偿、同类补偿、异类补偿、原位补偿、异位补偿、同步补偿、差异补偿。

在实际操作过程中，如何补偿、补偿什么以及是否应该补偿，均由译者本人作出相应的选择和判断，同时也是对译者翻译创造力与语言灵活性的锻炼和考验。夏廷德在其著作中指出：又由于译者自身的主、客观原因，会使译文在多方面蒙受损失。这些损失包括语言意义、语言外信息、社会文化、审美、风格等方面。因而就要考虑翻译的损失发生在哪些时段；补偿程序应当在何时启动；补偿应当控制在何种程度；哪些损失需要补偿，哪些不需要补偿；补偿应当遵循哪些原则。

而对于翻译补偿研究相对落后的原因，夏廷德指出：第一，补偿问题作为翻译整体的一个有机部分，必然受到翻译学科本身和语言学等相关学科发展状况的制约。第二，补偿研究受到人们对于语言和翻译本质认识的制约。第三，补偿的前提是翻译损失自身存在着隐蔽性（语法、词汇、语用、美学等）和相对性。

（二）口译信息补偿

迄今为止，在口译补偿方面，尚未有系统的著作。交替传译时，译员在听辨源语语音符号的同时，借助主题和认知知识以及口译笔记，正确地理解和记忆源语语篇意义，待讲话人完成部分或全部发言后，随即用目的语（target language）把讲话人所表达的信息以口头形式迅速地重新传达给听众。所以口译思维不是一般意义的抽象思维，因为译员接受的不是"直接现实"，而是译出语的语言信息系统，是其系统的表层信息符号（言语链），其深层概念（所指事物）的产生需要译员根据表层信息系统的符号或言语链，通过大脑积极迅速地整合、分析、判断与推理，并在认知系统的不间断参与下最终解决词语语义系统中的各种关系。

所以，在交替传译的过程中，译员面临着诸多的压力和挑战，要不断地作出选择和决策。

在进行交替传译的过程中经常会遇到冗余信息。冗余信息（redundancy）是指多余的、不必要的信息。在言语交际中，超过了必需的信息量的信息就是冗余信息，也就是说这种不能向受话人提供新信息的语言形式就成了冗余形式。在交替传译的过程中处理好冗余信息具有极其重要的意义。

首先，处理好冗余信息，是提高译文的传意性和可接受性的需要。要实现传意性，在交替传译过程中，译员必须分析源语的信息，抓住重要信息，剔除冗余信息。交替传译的一个重要优势在于译员有时间分析源语信息。要传达说话者的观点，译员首先必须清楚，在讲话者的评述中，哪些是重要的，哪些是次要的，哪些是主要的，哪些是从属的。许多交传"即使所有信息都在"，也是糟糕的，因为所有信息都被同等对待，没有特别突出某些因素或线索，从而使得听众很难清楚讲话者的真正目的。口译人员起着'过滤'的作用。说话人有时候词不达意，缺乏逻辑，啰哩啰唆，甚至语无伦次。口译人员不能听见说话人怎么说就怎么译，而要将那些原来不清楚的话语条理化和逻辑化，把它译成流畅通顺的英语。刘敏华则认为，在口译实践和口译教学中，必须建立这样一个概念：文字不是神圣不可侵犯的，源语不是不可变动的。其次，处理好冗余信息，还能节省会议时间，提高会议效率。时间和效率，在这个生活节奏日益加快，竞争日益激烈的时代，对于与会者和会议组织者，都极为重要。

另一种情况是特定语境下冗余信息的处理。在语言学和翻译学中，语境的涵义很广，它可以小至词语搭配，大至社会文化和历史背景。语境可以包含三个方面的内容。首先是语篇内部的环境，即上下文（linguistic context, co-text）；其次是语篇产生时的周围情况、事件的性质、参与者的关系、时间、地点、方式等，可称之为"情景语境"（situational context, situationality）。最后是说话人所在的言语社团的历史文化和风俗人情，属于该社团的人一般都能理解其在语篇中的意义，可称之为"文化语境"（cultural context）。

口译是特定语境下特定的翻译传播行为；这里的"特定语境"指口语交际或传播，这里的"特定翻译传播行为"指口语话语（oral discourse）而非文本话语或语篇（text）的翻译传播行为。口译中，交际的三方，即译员、说话者和受众对会议的主题、时间、地点等信息是共享的，即三方处于同一情景语境中。译员应该把握好口译的这一特点，在做好会前准备的基础上，根据口译现场的具体情况，结合自身的知识，准确地识别冗余信息，生成简洁的译文。

由此可见，如果译员把握情景语境提供的信息，准确识别和处理冗余信息，将使得译文更加简洁。当然情景语境下的冗余信息并非语义学上的冗余，脱离了其特定语境，则可能是非常核心的信息。译员只有头脑冷静，现场感好，知识广博才能自如应对，这也给译员提出了更高的要求。

综述前人研究，发现已经搜集到的资料文献大多为期刊论文或者硕士学位论文。尽管译员在实践中都会面临这一问题，但大多考虑的是以何种策略来解决口译过程中的信息缺失。在以往的文献中出现的或者是对同声传译的补偿研究，或者是对口译中某一层面的补偿。

司徒罗斌率先提出在同声传译的过程中进行"补偿"的概念。司徒罗斌认为，译员无法进入发言人的"概念生成器"，无法了解其交际意图甚或语句计划。为了形成流利而连续的句子，译员必须要尽力去预测句意，在此过程中就要不可避免地出现意义层的流失。（话语）输入的观点和重点也有可能会不可避免地发生变化，而译员此时无法纠正，甚至有时候会出现与译员已经译完部分不同的术语或者修饰成分。同声传译的这一特质就要求译员不断进行"在线补偿"。

对于译员在实践中面临的问题，很多研究探讨了要利用何种策略来解决口译过程的信息缺失。周丹丹、郭欣琳结合专业八级口试探讨了词汇层面的口译补偿，并在其研究中指出，以往的口译补偿策略研究重点考察了补偿策略使用的影响因素及补偿策略的可教性，但忽视了口译中补偿策略的使用；常世儒希望口译能达到信息的等效；仲伟合等探析了专业技术领域同传中的信息缺失；王绍祥分析了同声传译中的信息补偿机制和策略；樊继群主张对信息流失进行生态补偿；李芝莉指出了变通与补偿的原则；李欣、陈晓春、周青、李洁、闫怡恂探讨了文化差异导致的信息缺失补偿策略。然而，目前的这些研究或是局限在某一个特定的层面（如文化、词汇），或是专门针对同声传译，或是缺乏系统性和理论支撑。综上所述，对于交替传译中的信息补偿尚缺乏系统而全面的研究。

五、本章小结

在上一章确定了研究的概念框架之后，本章从国内外的口译过程研究发展历程出发，对前人的研究进行了较为详细的概述。在接下来的一章中将围绕研究问题，对已经收集到的数据结果进行阐述，以分析在英汉交替传译中信息的缺失和补偿情况。

第四章 研究方法、研究设计与实验流程

一、引言

基于上一章文献综述，本书的基本概念得以梳理、研究问题与理论框架得以初步构建，因此本章将对研究的设计进行详尽的阐述，主要介绍研究问题、研究方法和研究对象的确定、研究工具的使用、数据和资料的采集与分析等内容。

本章共由七个小节组成。第一小节介绍本章的基本结构；第二小节介绍研究对象选择的原则和方法；第三小节介绍研究方法与研究设计；第四小节描述实验的流程与数据收集方法（包括所使用的研究工具）；第五小节分析研究的信度和效度；第六小节对研究伦理的遵守和执行情况进行阐释；第七小节对全章内容进行回顾总结。

在定性研究中，研究者陈述需要研究的问题，而不是目的

（即研究的具体目标）或者假设（即对变量和统计测试的预测）。这些研究问题有两种形式：一个中心问题及若干相关辅助问题。克雷斯威尔指出中心问题是对课题中要考察问题的最基本形式的表述。为了避免研究受限，本书提出与定性研究方法论相匹配的研究问题，作为基本问题。因此本书设定的基本问题为交替传译中的信息缺失现象研究。

定量研究中，研究者根据研究问题和假设形成和确定研究的目标。研究问题是研究者表示质疑的陈述或试图寻求回答的问题，经常用于社会科学研究，尤其是调查研究。另外，假设是研究者对变量之间关系的一种预设，是一种以来自样本的数据为基础的关于总体数值的估计。通过运用统计步骤对假设进行检测，研究者根据对样本的研究得出关于总体的推论。

目前对于语言和信息方面的研究，已经将信息提升为语言的本质特征，在认识论和方法论层面上也确定了语言信息的内涵和外延。口译研究是以口译为研究对象，通过运用一系列的研究方法，解释口译现象、揭示口译本质、发现口译过程运作的规律，以期为口译教学和实践提供理论依据和参考。

在实践教学的过程中，往往会发现学生译员的口译质量差强人意，其中一个主要体现是信息传递方面出现问题，因此本书试图描述在英汉交替传译过程中出现的信息缺失的问题。

二、研究对象

正确地选择研究对象对研究结果的产生以及研究结果的信度和效度有着至关重要的影响，因此在选择研究对象的过程中一定要结合研究问题综合考虑。正如郑新民、王玉山所指出：研究对象的选择应关注三方面要素——研究对象的范围、研究对象的人数及抽样策略。研究人员有目的地选取能够帮助回答研究问题或者理解某个研究现象的研究对象和研究场地。研究人员首先需要确定筛选研究对象的标准，此标准直接反映该研究的目的。

本实证研究的目的是要阐释和发现交替传译过程中译员出现的信息缺失现象，又是以英汉交替传译为例，因此实验过程中研究对象都是接受过较为系统的交替传译培训的译员。本书缘起于笔者在口译实践和教学实践中的观察和思考，因此实验对象确定为有实践经验的职业会议口译员和翻译专业硕士（口译方向）学生译员。以口译实践经验的丰富程度和口译学习时间的跨度为筛选标准，选择的实验对象分别为职业译员和学生译员两组。尽管曾经有研究人员对选择学生译员进行实证研究的结果表示质疑，但因为本书的目的之一为探讨经验丰富的职业译员和学生译员在同一口译现象中的不同特征并最终服务于口译教学，所以本书仍选择学生译员为一部分研究对象。

为了保证测试数据的真实性、有效性及样本分布的平均性，本研究选取的研究对象为5名职业会议口译员和32名翻译专业硕士口译方向的学生译员。职业译员中有2名自由职业译员、1名政府部门的译员、2名高校口译教师（同时为活跃译员）。为了获得有效的研究结果、保证数据的相关性，学生译员均为翻译专业硕士口译方向一年级学生（在本科阶段有一两年口译学习经历），来自两所国内高校。所有译员口译实践、练习的语言都是英语/汉语。全部研究对象均为匿名参与实验。

（一）职业译员选择

在职业译员的选择上，笔者做了精心的筛选。选择的职业译员都有五年以上的会议口译经验。研究者发出多份邀请，最终有5名职业译员接受了邀请参加模拟口译，其中1名答应接受译后采访。参加模拟口译的职业译员4名为女性，1名为男性。虽然这5名译员的工作单位不同，但都有十分丰富的会议口译的经验。其中4名接受过专业的口译培训，获得相应的会议口译资质。1人（身份为政府机关译员）也接受过专业的口译培训，虽然没有得到会议口译的资质证明，但长期在政府机关担任重要的口译任务，经验十分丰富。因此总的来说，虽然样本数量偏少，但分布范围相对广泛，而且鉴于找到职业译员进行实证研究的现实难度，这样的组合已经能够达到实验的要求，比较令人满意。职业译员基本信息如表4-1所示：

表 4-1 职业译员基本信息

译员	性别	教育背景	口译经验（年）	职业现状
1	男	传媒专业/硕士（中国）	5	政府部门译员
2	女	会议口译/硕士（英国）	5	自由职业
3	女	会议口译/硕士（中国）	7	高校教师
4	女	会议口译/硕士（中国）	6	高校教师
5	女	会议口译/硕士（英国）	5	自由职业

（二）学生译员选择

为了尽量扩大研究对象的分布范围，选择的是国内两所高校的翻译专业硕士口译方向一年级的学生。从研究对象的范围角度讲，目前接受专业口译培训的学生译员主要集中在国内各大院校的翻译硕士专业（口译方向）学生群体中。考虑到本研究的主要目的是服务于学校教学，因此暂未将社会培训机构的高级口译学习者纳入研究范畴之内。

学生译员包括某外语类大学的翻译专业硕士口译方向一年级的16名学生，其中2名为男性，其余为女性。这16名学生中，4人在考入该校该专业之前是非英语语言专业的学生，1人为计算机专业，1人为旅游管理专业，1人为数学专业，1人为韩语专业。此外，1人有过（非口译方面）工作经验，其余15人为应届毕业生。第二组为同一城市某综合性院校MTI口译专业的学生（全国985、211院校），因为要求考生本科要毕业于985、211院校，所以学生入学成绩相对较高。第二组16名学生中，1名为男性，15名为女性，且只有1人本科为中文专业，但全部为应届毕业生考入。学生译员基本信息如表4-2所示：

表4-2 学生译员基本信息

	性别		学校		本科专业		学习口译时间	
	男	女	外语类	综合性	英语	其他	2年	3年
人数	3	29	16	16	27	5	12	20

实验选择在学生入学后第一年的第二个学期进行。所有的学生译员在实验之前都已经接受过基础的交替传译的训练（包括非语言专业的应届毕业生），并且所有的学生在本科四年级时都进行了口译方面的学习，大多数学生三年级下学期学习了口译（交替传译）。因此，这些学生在口译的能力方面，已经能够达到进行一般性口译的水平。

实验选取的某外语类大学的翻译专业硕士学校师资力量较为雄厚，每年招收学生数量基本固定在十五六人。此次研究所选取的学生是该校当年招收的口译专业学生。另一所综合性高校选择的学生译员为毕业于985、211高校的毕业生，入学成绩相对较高。虽然学生的语言水平会有一定的差异，但是实验者也希望能够通过这种真实的学生课堂组成，观察学生译员在实验中的反应，加以分析总结，再将结果反馈至真实的口译教学课堂。因此，从实践的角度，学生译员的选择可以较好地反映研究的需求，有利于实现研究的目的。

三、研究方法与研究设计

按照研究目的，研究可分为描述性研究、探索性研究、相关性研究和解释性研究。口译作为一门交叉学科，其研究兼有人文社会科学和自然科学的特点，其研究方法也趋于多样化。总体来说，口译研究的路径有两类：一类是人文主义的研究路径，其核心是理论的抽象思维、推理、归纳和演绎；另一类是实证主义的研究路径，其核心是数据的收集和处理，实证研究的方法主要有观察法、调查法和实验法。本研究是对口译过程中的信息加工研究，而口译过程研究中使用的方法如图4-1所示：

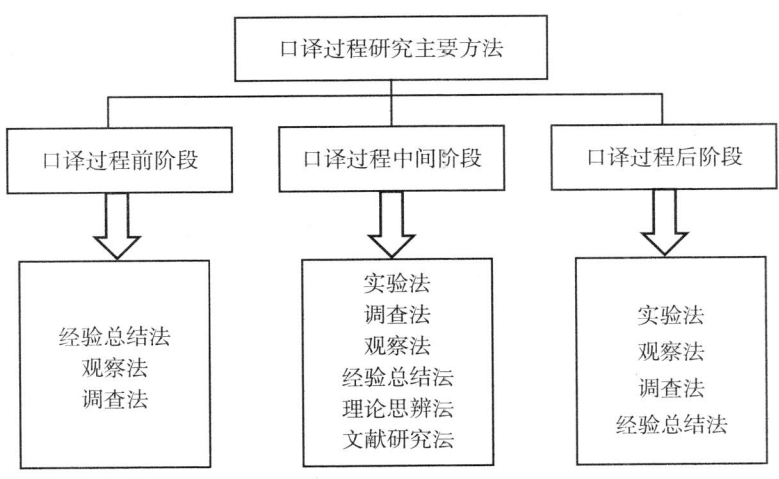

图 4-1　口译过程研究主要方法

纵观研究的过程，本书采用量化研究为主、质化研究为辅的混合研究路径。混合研究方法是指在某一项研究的一个或多个阶段中将质化和量化研究混合使用。科学的传统模式决定科学方法的发展方向,也给口译研究带来启发。传统模式是建立在从理论到数据的演绎过程之上的:一个研究问题在特定的理论框架之内得到确定,然后形成假设;通过给所有相关变量下定义,并确定可测量(定量的)指标,将该假设付诸实际操作。通过实验法,设计出满足实验条件的研究项目来分析口译实践。很多研究者一直号召在口译中使用实验研究的方法。实验法经常被用在语言研究中,因此这也适用于口译研究。口译理论研究在进行到一定程度时需要对已有的理论观点进行实证,因而在一定条件控制下的实验,便应成为未来检验口译理论的主要实证性方法之一。

(一)实验材料选择

口译训练涉及教师、学生、设备、教材、教法等诸多环节,其中口译训练材料的选择与使用对训练成效起着至关重要的作用。口译训练必须使用完全真实的会议讲话材料,营造逼真的训练氛围,突出口译工作的即时性、现场性、一次性的特点,让受训者感受到口译工作的紧张氛围,强大心理压力和苛刻时间要求,以促使其尽快适应口译独特的工作方式,顺利成长为合格的职业译员。在交替传译的过程中,材料的难度可以说是一个十分复杂的相对的概念。因为译员的水平在很大程度上影响着他对于材料难度的判断。口译学界通常借助语篇分析,综合判定素材选择是否符合梯度原则,能否满足学生循序渐进的口译学习需求。语篇层面的因素包括词汇、句法、信息密集度、语用因素、文化因素、内容的专业程度等。语篇层面的影响因素包括篇章结构、衔接手段、篇章类型、语篇体裁和语篇长度等。语用因素包括双关语、幽默语、言语行为等。讲话人相关因素包括语速、语音语调、讲话风格、是否运用视觉教具等。综合前人研究，相对难度不太大的源语讲话应该是话题专业性不强、讲话语篇逻辑清晰连贯、讲话人的表达比较流畅、语速适中、有适当的解释和案例、数字比较少、有一定的冗余信息，等等。

　　实验材料的选择首先要考虑实验的目的。吉尔也曾经指出，（口译实验中）材料的选择是一个十分复杂的研究课题，多种因素相互影响会使得难度的判断非常困难。只有通过恰当的材料选择才能够满足实验的目的，避免不必要的变数。

　　本实验的主要目的是模拟真实场景中的交替传译译员的信息缺失情况。此外，本实验也要服务于口译教学和时间的目的，因此要充分考虑不同的考量要素。用于模拟交替传译的材料选自现场口译材料，为恩柏科公司全球产品营销副总裁在亚太客户峰会上所做讲话的一部分。首先，讲话材料取自真实会议口译场景，既体现交替传译最常见的应用情境，也符合口译工作的语言和语体要求，即能够准确而全面地反映口译的理解、记忆、表达等相关程序要求和口译技术特征。由于对译员的口译语料进行分析和判断的研究者母语为汉语，为了保证判断和分析结果的准确和科学，笔者只选择了译入语为研究者母语的语料作为实验素材，即只进行英汉交替传译的实验。同时，本实验的目的是分析和发现译员在口译过程中对信息处理方面的问题。为了减少不必要的"噪音",以减少学生译员在听力理解方面的负担,该语料的演讲人为母语是英语的美国人。

所选取的口译材料主要介绍了恩柏科公司最新款企业资源计划软件的功能、特色等。真实会场听众为国内外企业的资源管理部门和信息技术部门负责人、媒体记者。从语料特点来看,讲话人语速偏快,大约为140词/分钟。话语特点方面,信息冗余程度较低、语言比较口语化、逻辑程度一般。研究者选取全篇26分钟讲话中开篇的9分48秒,并根据一般意义长交传的时长划分(见2.2.2),即2分钟左右具有完整语篇逻辑的语料,使用Cool Edit软件将英语源语讲话截成5段。但是为了保证信息的完整性,每一段的长度并不完全相同。具体情况如表4-3所示:

表4-3 实验语料时长划分

片段	时长	单词数
1	2分6秒	316
2	1分46秒	224
3	2分16秒	323
4	1分52秒	252
5	1分48秒	281

所选语料讲话人是美国人,讲话没有特别的口音。但是由于讲话人来自软件公司,所以讲话的用词可能会有一些行业特点。

为了确保实验选取的开头部分没有过于专业的技术术语造成过重的认知负荷，笔者请两位软件行业的专业人士通读了实验部分讲话转写稿，两位专业人士作出的反馈均是该段讲话中没有技术术语（以口头形式反馈）。但是笔者也意识到软件行业的某些用词与其他行业的稍有不同，因此在实验前背景介绍环节向译员介绍了发言人的背景信息、讲话的行业背景，以及也许会造成学生译员的心理影响并构成翻译中的问题诱发因素（problem trigger）。

（二）实验前准备

模拟口译前研究人员进行了细致的准备，包括以下四个方面：实验材料的选择；语音实验室设备的检查；实验人员的时间和地点协调；预实验及调整。

首先是确认材料准备妥当，用 Cool Edit 专业版的音频加工软件将源语讲话截成 5 个片段，并确保每一个片段都保留了逻辑完整且连续的信息。然后是对口译实验室的放音、录音设备进行检查，确保一切正常。研究者在模拟口译前将以上源语语料信息都告知了模拟口译的参加者。学生译员均在口译实验室中进行的模拟口译。实验前对学生译员用阿拉伯数字编号，并将所有学生译员组确定为 S 组，学生译员的序号标识分别为 S1 至 S32。

所使用的语音室分别为蓝鸽语言教学系统和 NEW CLASS 系统。之所以有区别是因为各组学生的实验分别在各自学校举行。外语类大学 MTI 学生进行的试验是在其蓝鸽语音教学系统的语音实验室里进行，而另外一所综合性高校MTI学生授课常用的语音室使用的NEW CLASS系统。两种系统的语音教室均符合进行口译教学的要求，均具备收看/听视频/音频材料、录音，并以电子形式存档的条件。所以都可以通过语音实验室的授课软件播放音频（在实验的过程中，源语讲话以音频的形式输出），并将学生的翻译录成电子文档，以备后期转写及分析。

职业译员与外语类大学学生一起在语音实验室内参加模拟，同时研究者将职业译员确定为Z组，则职业译员的编号分别为Z1至Z5。

（三）预实验

为了保证模拟交替传译实验所选用的语料难度适中，本实验在正式实验开始之前，邀请某外语类大学的6名翻译专业硕士一年级的学生（口译方向）参加模拟交替传译预实验。预实验在该校的语音实验室内进行。这些学生译员都是一年级下学期，已经接受较为完整的交替传译的系统训练，且在入学前都有过一两年的口译学习的经验。预实验的语料语言同样为英语，总长度为10分钟左右，切割成2分钟左右的五个片段。参加预实验的学生译员依次听取2分钟左右长度的音频，自己选择记笔记或者不记笔记，在音频停止后即开始进行交替传译。在模拟交替传译结束后，立即参加调查问卷的填写。预实验的过程全程录音。

在预实验结束后，研究者根据现场录音对学生译员的表现进行打分，并根据调查问卷的填写情况进行分析。通过对调查问卷的分析发现，学生译员普遍认为语料难度适中，在自己平常课堂训练的难度范畴之内。研究者对于学生译员的表现打分和学生译员的自我评价分数基本一致，由此可以判断实验具有可行性，也具有较高的信度。

四、实验流程与数据采集

整个实验过程与数据采集过程包括获得参与实验对象的许可、录音、录音转写、填写调查问卷、开展有提示回忆、进行译后访谈、撰写自评报告和进行质量评估。

（一）获得实验许可

实验者首先与预期参加模拟口译的实验对象（非本校学生委托其主讲教师）接触，介绍实验内容和目的，保证不泄露参与者的个人信息，并仅作学术研究所用，征求同意。获邀的 32 名 MTI 口译班的学生中，全部以口头协定同意参加实验。

而职业译员方面，实验者与多名职业译员进行电话沟通，讲明与学生译员相同的内容。以上均为口头协定。

（二）录音

学生译员的录音在口译实验室进行。实验室是平日授课用的教室，由笔者自行操作，两名二年级的翻译专业硕士生协调。第一批（16名）学生译员和三名职业译员就位后进行试音调试，确保所有人都能够正常收听语音和进行录音。笔者将语料相关信息加以说明，然后开始模拟口译。过程中笔者逐条播放源语讲话并对译员的口译进行录音。整个录音过程顺利，录音结束后笔者对所录音频进行编号、保存、整理。

实验程序如下：笔者进入语音教室，打开课堂教学模式。笔者选择源音，通过播放音频节目发送音频给受试者，同时开始录音。由于之前已经对实验所用的音频进行了片段切分，学生译员所听到的语料会在一段播放结束后自动停止，播放过程中参与实验的译员便开始记笔记（非强制），在源语音频播放结束后开始翻译。其翻译的音频同时在授课系统中录音。同此反复，完成实验录音的全部过程。模拟交替传译实验时间、地点等执行情况见表4-4：

表4-4 模拟交替传译实验对象基本情况

类别	人数	时间	录音地点／形式
某外语类院校	16	2015.6.24 上午	翻译实验室
某综合类院校	16	2015.6.25	同传实验室
职业译员	5	2015.6.24 上午	翻译实验室

实验过程中所有译员分别听所选取语料的五段音频（没有记笔记与否方面的硬性规定），然后在源语讲话停止后进行翻译并被录音。

（三）调查问卷填写

本书中问卷调查是获得量化数据来源的重要过程和实验数据的重要源泉。问卷易于设计、用途广泛、便于收集大范围的数据，在社会科学领域中受到广泛欢迎。秦晓晴指出，设计出一份高质量的问卷在内容和形式上都有很高的要求。问卷内容质量取决于每个问题及答案选项的设计质量，如这些问题是否涵盖调查者希望调查的话题，问卷是否具有较高的信度（reliability）和效度（validity），以及是否适合特定的受访对象等。调查问卷的两种基本形式为开放式（open-ended）和封闭式(closed-ended)。开放式的问题可以使回答者自由地回答问题，当然数据结果可能不可预测或者收获意外惊喜；而封闭式问题可以使问卷发放者更容易获得便于量化和分析的数据（Gass, 2012）。

在设计调查问卷的过程中，笔者充分考虑研究目和发放的对象特点。首先由于调查样本数量相对较少，使研究者有能力通过自己和授课教师的帮助获得问卷回答者的基本信息，因此省略了个人信息的部分。问卷设计分为三部分，第一部分1—3题为导入性问题，用于了解学生译员对于模拟交替传译表现的整体评价和认识；第二部分4—8题为封闭式问题，目的为了解学生译员对自己口译中信息保留和缺失方面的自我评价；第三部分9—11题为三道开放式问题，分别从不同角度考查学生对于信息补偿的看法。

实验结束之后，立即发放调查问卷给所有参与实验的学生译员填写。正如在上一小节中介绍的，地点与学生译员进行模拟交替传译实验的地点相同，时间是在其完成试验之后立即进行。这样保证学生能够根据其新鲜的记忆，有的放矢地去填写。

参加模拟交替传译实验的学生，共32人都参与了调查问卷的填写。在所有项目结束之后将调查问卷回收，清点有效调查问卷的数量，并将结果输入表格以备统计和分析。调查问卷发放及回收情况见表4-5：

表 4-5　调查问卷发放及回收情况

	人数	性别（百分比）		问卷发放数	有效问卷数	问卷有效率
		男	女			
某外语院校	16	2	14	16	16	100%
		12.5%	87.5%			
某综合性大学	16	1	15	16	16	100%
		6.25%	93.75%			

（四）录音转写

鲍刚认为源、译语资料分析法是口译研究的一种重要方法。本研究将实验中的口译录音转写为文本资料，即进行录音转写。分两个阶段进行：第一阶段是利用语音转写软件进行，即将所获取的录音音频转写成文字形式；第二阶段是进行人工对照转写检查（转写符号见附录5），即对于软件转写的部分由研究者听实验参与者的翻译录音，并对照转写结果进行检查，标注出转写软件无法完成的如停顿、停顿时长等问题，同时检查转写软件由于语音识别问题造成的转写错误，以最大限度还原录音的真实面貌，保证数据的真实可靠。

第一阶段使用的软件是在网上购买的"讯飞听见语音、声音录音转写文字"语音转写软件。该软件是具有强大的语音转写功能，通过尖端的语音识别技术，辅之以内置自动或手动工具，可以简洁高效地完成对音频的转写。研究者通过对其中一段录音的转写测试发现，转写的准确率非常高，不仅对语音进行准确识别，对不具备信息意义的"嗯""啊"等迟疑音也能够进行准确无误的转写。因此，判断利用该软件转写具有效度和信度。

但该软件存在两个问题，一是对于AAC格式和M4A格式的录音无法转写。因此对于这种情况，需要先对原录音进行格式转换，然后才能进行转写。二是转写无法显示停顿。因此需要研究者在第二阶段——人工对照检查阶段进行识别并标注。

口译语音转写及语料标注方法，以胡开宝、陶庆和张威的研究为基本依据，并根据本实验的具体目标作适当的修正和补充解释。笔者事前将整个实验用语篇按照信息单元，切分成了89个片段。在本书第二章第四小节关于信息类型、信息单元和信息结构的讨论中，已经明确本研究探讨的是口译过程中出现的言语信息，在信息单元的划分过程中遵循杨承淑提出的"引介成分 + 信息主题+信息单元"的原则，基本以句子为单位进行划分。其中语言信息亦分为语义、语法、语用三个方面。实验结束后按照第四章第四小节交代的实验流程，笔者将职业译员和学生译员的交替传译进行录音并转写。转写之后将译员的口译转写填充于表4-6所示的表格中。

表4-6　语料标记符号

省略			语音		语用		语法与失误
□	各种语言形式与语言信息的省略	+	较长停顿（2秒以上）	IF	信息焦点	#	语法失误
		-	停顿（1—2秒）	〔〕	冗余信息	()	一般误译
		&	语误	SK	情景知识	{}	较严重误译
		%	语音含混不清	DK	语篇知识		
		~	语音拖长	TK	主题知识		
		$	其他无意义声音（如咳嗽、鼓掌、纸张翻阅声等）	WK	世界知识（即相关背景知识）		
		@	填充性停顿（如汉语中的"这个""那个"或"啊""嗯"等的声音）	shi	信息标记词（information marker，如汉语中的"是"）		
		*	明显换气声				

从以上分析可以看出，笔者在信息标注表格中的划分标准，依据了语言学中对信息的划分标准并结合口译信息的特点。在对全文的89个信息片段进行整合之后，形成行行对译的参照标准。

之后研究者将第一名学生译员的翻译转写粘贴在表格的第三行X1的位置。这样可以清晰而直观地比较译员的翻译与源语讲话、参考译文之间的信息差异。

此外，整个实验源语讲话里并没有过于专业的术语。在前文对实验流程的介绍部分已详细说明。

需要指出的是，笔者将整个语篇按照信息单元切分成小的信息片段的过程中，虽然基本遵循英语自然句的基础原则，但在遇到相对比较长的句子时，也会将蕴含多个从句的一个长句子划分成相应的几个信息片段。在表格的第一行J1是英文源语讲话的转写；第二行Y1对应的是参考的中文译文。在进行语料转写之后的标注过程中，表格的第三行X1-1对应的是学生译员或者是职业译员的翻译转写；第四行I1对应的是研究者在对比译员的口译录音、录音转写过程中发现的译员在翻译的过程中出现的问题及问题类型。每一个译员的录音转写即是一份文档，学生译员和职业译员分别以字母S、Z加数字表示其编号。如学生译员1的编号为S1，最后一名学生译员的编号为S32，职业译员的编号则分别为Z1到Z5。

以对职业译员Z1转写表格中为例：

J1: Well, Nihao. 为源语讲话的第一个信息片段。

Y1：你好。为第一句的参考译文。

Z1-1：大家好。 为职业译员1对第一个信息片段的翻译。对比表格第二行和第三行的"你好"与"大家好"，可以发现译员准确地翻译出了演讲人对在场嘉宾的问候，因此，在第四行标注信息缺失情况的 I1 行为空白。如表4-7所示：

表4-7 实验录音转写标注片段之一

行	序号	转写与标注
1	J1	Well, Nihao.
2	Y1	你好。
3	Z1-1	大家好。
4	I1	

表格的第五行"J2：This is all I can say about Chinese."是演讲人的第二句话。表格第六行"Y2：这是我现在所能说的所有的中文了"，是参考译文。表格第七行"Z1-2：这是我唯一能说的中文了"是第一位职业译员对演讲人第二句话的翻译。并且对比第六行（Y2）和第七行（Z1-2）会发现译员也非常完整地将演讲人所想表达的"自己已经不会说别的中文"的意思表达出来，因此在第七行（I7）部分同样是空白。如表4-8所示：

表4-8 实验录音转写标注片段之二

行	序号	转写与标注
5	J2	This is all I can say about Chinese.
6	Y2	这是我现在所能说的所有的中文了。
7	Z1-2	这是我唯一能说的中文了。
8	I2	

表格第9行"J3: I hope I could do better."为演讲人的第三句话,第10行"Y3:当然我很希望我的中文能更好"为第三个信息片段的参考译文。第11行"Z1-3:我多希望我的中文能说得好一点"为职业译员1对第三句讲话的翻译。同样的,译员也准确而完整地翻译出了演讲人所想表达的信息,因而第12行I3仍然为空白。如表4-9所示:

表4-9 实验录音转写标注片段之三

行	序号	转写与标注
9	J3	I hope I could do better.
10	Y3	当然我很希望我的中文能更好。
11	Z1-3	我多希望我的中文能说得好一点
12	I3	

表格第25行"J7: And I think we have an excellent turnout and now we are very excited to see a lot of our customers here."为第7个信息片段,参考译文为第26行"Y7:我看我们今天会议的出席状况非常好,所以今天看到这么多客户参加会议,我们感到非常兴奋。"然而在第27行:"Z1-7我很高兴看到(当我们的企业在中国蓬勃发展的时候),我们拥有着越来越多的中国客户了"。比较之后会发现,译员并没有翻译出"And I think we have an excellent turnout",即"我看我们今天会议的出席状况非常好"的信息,因而在第28行(I7)空格为标注"1",表示有一处

信息缺失，并将缺失语段的演讲原文部分涂成灰色加以标明，如 And I think we have an excellent turnout。而且我们还可以发现，在这一信息片段的翻译中，经验丰富的译员将时间顺序上发言人后说出来的我们标注于第29行"J8: as we continue to grow our business in China."的信息提到第7个信息片段中，这样的调整既保留了信息，也更为符合目的语的表达习惯。在转写标注的过程中，我们将译员进行了顺序调整的部分用括号标注，而且在源语讲话对应的那一行仍然转写出来。因此我们看到在第30行"Y8: 我们在中国的业务持续增长"和第31行"Z1-8: 当我们的企业在中国蓬勃发展的时候"。需要指出的是，第33行"J9: You know, we are here to launch, to announce a major new ERP solution for business."对应的翻译，即第34行"Y9: 你们知道，我们今天举行这个会议是要推出强大的新款ERP商业解决方案"，译员的处理如第35行"Z1-9: 此行我们要宣布和发布一款新的企业ERP软件"更为简洁而完整。从这些表格中我们可以看到，在前10个信息片段的翻译中，职业译员1只出现了一处信息缺失，因此只有一次数字标示。如表4-10所示：

表4-10 实验录音转写标注片段之四

行	序号	转写与标注
25	J7	And I think we have an excellent turnout and now we are very excited to see a lot of our customers here

续表

行	序号	转写与标注
26	Y7	我看我们今天会议的出席状况非常好,所以今天看到这么多客户参加会议,我们感到非常兴奋,
27	Z1-7	我很高兴看到(当我们的企业在中国蓬勃发展的时候),我们拥有着越来越多的中国客户了,
28	I7	1
29	J8	as we continue to grow our business in China.
30	Y8	我们在中国的业务持续增长。
31	Z1-8	当我们的企业在中国蓬勃发展的时候。
32	I8	
33	J9	You know, we are here to launch, to announce a major new ERP solution for business.
34	Y9	你们知道,我们今天举行这个会议是要推出强大的新款 ERP 商业解决方案。
35	Z1-9	此行我们要宣布和发布一款新的企业 ERP 软件。
36	I9	
37	J10	Not just for business here in China, but for businesses globally.
38	Y10	这一新款是为包括中国在内的全球商业所打造的。
39	Z1-10	这款软件不仅适用于中国的企业,也适用于全球的企业。
40	I10	

对整篇实验用材料进行的信息单元划分中,将第一段划分为20个片段,第二段划分为12个片段,第三段划分为25个片段,第四段划分为15个片段,第五段划分为17个片段。每一个信息片段后都以 // 标注(见附录1)。

（五）有提示回忆

在与认知相关的研究中，常见的一种研究方法是口头报告（verbal reporting）。研究者也常常会在阅读或者写作类任务研究过程中加入这种研究方法，或者是进行有声思维（think aloud）。这种方法对于了解被研究者在认知过程中产生的特定认知活动，或者解释特殊的认知行为获得有效的数据方面是行之有效的。因此本书中也加以借鉴。但由于本实验的终端产品为口头形式，如果在口译进程中进行口头报告或者有声思维，会对进程产生重大影响，因此启用有提示回忆法（stimulated recall）。

有提示回忆，作为一种数据收集手段，其优点在于能够把研究对象在受试过程中的所感所思诱导出来，而不是研究者自己对受试的行为作出的主观猜测。这一方法可以发掘学习者的学习过程和策略。研究者可以促使他们回忆并且汇报他们在完成一项任务或者参加一项活动时所思所想。但是非常重要的一点是在这一过程中受试者必须得到提示。他们可以是看到自己之前表现的录像或者是看到自己之前所写的文本。在本研究中，是提供给受试者参加英汉交替传译中的口译录音，由研究者在特定部分停下录音，并请受试者解释为何出现特定情况，如停顿、误译、重复或者回译，等等。这样研究者可以通过受试者的回答，了解学生译员当时的思维过程、决策过程，到底为什么这样，而不是那样口译，以及决策的依据究竟是什么。

但是研究者也要认识到有提示回忆虽然是一种非常有效的反思手段，但也存在着一些问题。例如受试者可能并意识到整个认知过程。这种情况下的口头报告也就不能反映认知的复杂性。此外，受试者的口头表达能力，也可能影响口头报告的有效程度。而且受试者在回答提问的时候可能只报告自己所做的事情，而不是当时自己脑子里所思考的东西，容易把做和想混淆起来。甚至在特定的情况下，受试者可能为了取悦研究者，故意讲出一些与自己行为部分不合的内容。为此笔者要作出相应的调整，例如确保受试者是自愿参与，并且采取匿名记录、三角验证（triangulation）和深度描述法(thick description)等。

笔者在研究进行的过程中，请某外语类大学的4名学生译员在实验结束并填写好调查问卷之后，依次进行此项任务。进程中由研究者播放学生译员刚刚进行的口译录音，并在多处停顿，提问对方诸如"在这里为什么出现了犹豫？""这里出现回译是怎么回事？""这里的停顿还记不记得是遇到了什么问题？"等问题。在提问和回答的过程中录音，并对录音进行转写以备后续分析之用。

（六）译后访谈

访谈是质性研究中获取资料的非常重要的一种方法，是获取访谈对象的信息、了解访谈对象对某些事件的观点或者看法。根据访谈内容和形式，可以分为正式访谈、调查式访谈和心理咨询式访谈等；根据正式程度还可以分为非正式访谈和正式访谈；根据访谈的人数可以分为单独访谈和小组访谈。

根据杨鲁新等人的介绍，访谈中一种重要的方式是半结构式访谈（semi-structured interview），即在访谈中既有事先准备好的固定问题，同时也有根据受访者的回答临时追加的问题。在访谈中访谈者不时地提醒或启发受访者给出更多的信息，这就是所谓的半结构访谈。这种访谈方式比结构式访谈主题更为突出，要求研究人员事先准备一些指导性的问题。结构式访谈可以帮助研究人员对研究问题有初步了解，而半结构式访谈能够提供更多更深入的信息。同时半结构式访谈与严格规定程序的结构式访谈相比，为研究人员提供了随机应变的空间。研究人员可以根据访谈对象提供的信息，灵活处理一些需要提出的访谈问题。

根据参加的访谈人数，还可以把访谈分为单独访谈和小组访谈。研究人员与访谈对象进行一对一的访谈，或者是研究人员与访谈对象进行一对多的访谈。在确定了访谈对象之后，应该对研究对象发出书面邀请信。即使无法做到，也应该对研究对象充分说明、阐释研究的目的和研究对象的权利（秦晓晴，2011）。

此外，访谈对象的选择也有很多种：一种是随机抽取，这种方法与量化研究较为接近。但是更多的情况下，访谈对象是在小范围内选取的，也就是目的抽样。在确定了访谈的形式之后，要对访谈的内容进行准备。访谈的内容要根据所研究的题目而定。访谈成功与否在很大程度上取决于访谈问题的准备。研究人员应该根据访谈的形式，事先准备访谈问题。如果是非定向的访谈或者非正式的访谈，问题可以灵活些。

对于访谈应如何提问，贝里（Berry）根据相关文件提出了十项建议：（1）问题要清晰；（2）问题要一个一个地问；（3）要问开放性的问题；（4）在提问的时候把问题进行排序；（5）进一步探索或追加后续问题；（6）解释或澄清问题；（7）避免敏感性的问题；（8）鼓励访谈对象自由发挥，但是访谈者须能控制局面；（9）访谈中多听少说，避免个人观点的阐述；（10）允许沉默建立和谐的关系。而相对于结构化访谈，半结构化访谈基于与研究问题相关的内容展开宽泛的开放性问题，虽具有一定的结构，但又能随时跟进调整访谈问题。

根据以上对访谈的界定和原则，本研究确定采取半结构式、单独访谈。访谈提纲也初步确定，分为三个部分。第一部分的问题是问询译员对于此次交替传译模拟的自我评价，包括如下三个子问题：（1）是否满意；（2）自我评分；（3）对口译材料难度评价。第二部分是探讨译员对于交替传译实践中的信息传递的看法，包括两个子问题，分别为（1）对口译质量的标准判断；（2）如何看待口译中的信息类型、构成及提取、记忆。第三部分讨论如何应对交替传译中的信息缺失，也是分为两个子问题：（1）实践中对信息缺失的判断；（2）自己及同行如何应对。

访谈对象为一名职业译员。访谈的地点根据双方协商，选择在市内比较安静的一个咖啡厅。访谈时间为2015年5月27日（口译实验结束的周末）下午两点开始，时长大约一小时。访谈录音的设备为手机上的录音应用软件。

在访谈结束之后，研究者回听访谈录音，并对录音进行转写和整理。期间对访谈内容进行标注，包括采访者、受访者、时间、地点、话轮以及谈话的具体内容。清晰标注以便为后面的数据分析做好准备工作。

（七）自评报告撰写

根据蔡小红的定义，口译质量评估是一个广泛的概念，是对口译活动质量高低和优劣的衡量。构成翻译质量的成分十分复杂，既包括译语的产出、传输的质量，也包括现场的公众反馈以及由此达成的交际效果。而且不同评估目的和评估模式还会改变评估的成分比例，使"翻译质量"或职业译员的翻译能力，或倾向公众对服务的反馈，或两者兼具。因此要对质量评估的种类、标准、模式等进行定义，以求进一步明晰口译质量评估的概念。

按照蔡小红的分类，口译质量评估分为成果评估和过程评估两大类型。成果评估包括质量评定与效果监测。前者仅指译员的译语质量，后者为口译使用者对口译效果的客观反馈、译员在工作中心理语言运动、心理因素影响、认知活动的了解，等等。蔡小红认为目前的质量评估指标主要分为六项，分别是可信度、可接受度、简明度、多样性、迅捷度、技术性。而且众多的实证研究的结果表明，以上的六个标准中最重要的是信息的可信度。

无论何种类型的讲话，口译质量评估模式一般采取定性分析与量化数据互补的方式。量化旨在采集各指标的具体数据，以提供确凿的例证；定性则着重分析现象，定出质量等级。质量评估的模式有自我评估与他人评估之分。较之其他职业活动，口译工作更要鼓励译员进行自我评估。其原因为两个方面，一方面译员是交际的媒介，是唯一洞悉双方意图者。对交流过程的顺畅、阻滞及其原因应当非常敏感，话语产出时的自我监控体系、交际者的现场反馈都给译员提供了自我评估的优越条件。另一方面自觉进行自我评估是译员圆满完成任务、提高口译能力的重要因素。口译现场情况复杂，任务经常随着语境、专题、听众等各种因素起变化。译员只有及时发现差异，不断调整策略，调动相关知识，才能适应现场交际的需要。译员如果在完成口译任务后及时进行自我评估、总结经验，一定能从中获益。同时，自我评估还应当有明确的技能意识质量标准职业规范作为指导。

出于以上考虑，笔者在某外语类大学翻译专业硕士一年级口译方向的学生译员进行完模拟口译实践任务后，根据其在问卷调查最后一部分的意愿填写情况决定。表示愿意进一步参与研究的学生译员撰写自评报告。综合学生译员的能力现状和研究的目的要求，笔者建议自评报告形式要求如下：（1）没有字数和篇幅限制；（2）内容要包括三个方面，即对口译语料的分析、自我表现评价、口译中出现的问题分析。自评报告提交截止时间为实验完成后的周末，即2015年5月29日。

（八）口译质量评估

口译质量评估中的信息指标，也称作认知内容指标，通常被作为测量翻译重视程度的重要依据。此指标中的信息测量单位是评估的基本问题。实际上，无论是定量分析还是定性分析都涉及分析所依据的信息单位，如若单位定位于原文与译文的语码对应，分析则停留于语言转换层面；单位锁定于语义、意义、意图等范围，则评估指向语篇水平，如此等等。由此可见，口译质量评估中信息的重要意义及评估目的，需要不同的评判标准和维度。

在本书中，学生译员和职业译员在进行了口译实验之后，分别对自己的口译表现进行了评价或反思，从而判断其表现和衡量相关的要素指标。但是为了更为科学客观地反映和判断其表现，本书中还加入了来自第三方的口译质量评估。此外，由于口译是在语篇的层面展开，因此评估口译效果的时候要具有相应的语篇意识。要强调语篇在交际过程中的完整性和一体性，既要分析语篇诸层次作为语言符号系统与相应外部世界的关系，也要注意语篇的交际功能、交际意向，同时对语篇诸层次进行观察。从类型来讲，这应当属于科研评估的模式。所以，主持研究质量测量的评判者本身应该是译员出身，评判者同时也应该是科研人员，只有这样才能凭借科学的理论、恰当的方法，得出客观的数据进行合理的分析。而且，评判者最好身兼职业译员、教师和研究人员三重身份，以便更好地从职业实践中发掘问题，从研究中寻找解决的方法或使研究的成果指导职业实践。

　　基于此，本书选定口译质量测量的评判者是两名高校口译教师，他们都有着多年丰富的职业口译和从事口译研究的经验。所以，他们既能够从专业的角度，也能够从研究者以及译员的角度出发，做出更为客观公正的判断。由于此次口译实验以及评估的目的，主要是用于判断译员在交替传译中信息的缺失或保留程度，所以根据一般的口译质量评估的原则，两名质量评估人员与笔者经过探讨后决定，质量评估主要围绕四个维度展开，分别为交替传译中语言信息的语义、语法、语用，以及表达流畅性，各项权重分别为25%。

　　笔者提前将参与实验的学生译员和职业译员的录音进行编号并制定口译质量评估表格，交给两名评估人员在口译实验室中回听口译录音并进行打分。

五、研究信度与效度

　　实证研究中的数据是对结果进行分析并得出结论的最主要的来源，因此必须保证数据的准确和可靠。

　　本书获取量化数据的来源主要有两个方面：口译实验、调查问卷；获取质性数据的来源为三个方面：有提示回忆、自评报告、译后访谈。笔者首先通过模拟交替传译的实验和全体学生译员的问卷调查，获得量性数据；再通过部分学生的有提示回忆、自评报告和部分职业译员的译后访谈,将量性数据和质性材料结合起来进行三角验证,从而提高数据的信度和效度。

在数据收集的过程中,笔者严格遵守操作流程,充分考虑受试样本的采样和分布。本书采样所选取的样本分别来自于某外语类大学、某综合性院校,这样可以保证样本具有较高的代表性。同时,对所选取的职业译员也有从业经验方面的严格的规定,可以保证对比样本的有效性。

此外,本书采用多种方式来提高语料标注的信度。所进行的两个阶段中,第一阶段是采用专业的语音识别软件进行转写;第二阶段进行人工校对、检查及补充。通过这样的转写和标注的方式,提高了语料的效度和信度。

最后,对语料进行质量评估的评估人员也严格按照口译界认可的质量评估标准进行筛选,并制定严格的评估标准。从而保证了质量评估和评分的准确程度和可信度。

六、研究伦理

研究伦理也是进行实证研究中非常重要的一环。在进行实证研究的过程中,不仅要科学、严谨地设计研究的过程和数据收集、采集的方式,同时在实施过程中还要严格地遵守学术研究的伦理规范。本书是以职业译员学生译员为研究对象的人文社科研究,更要严格地遵守这些规范。因此在研究的过程中,笔者采用了多种方法来保证遵守研究伦理。

首先，在进行研究之前，充分实现实验对象的知情同意权。也就是对被研究对象明确、清晰阐明本书的目的和具体的操作方法，以确保研究对象参与研究是在自愿的基础之上。并且研究者也提前告知研究对象，如果感到不适，允许其中途退出。

其次，在研究中，注意充分保护研究对象的隐私。例如，在设计问卷调查的过程中，最初的问卷中包含了一些填写个人的情况的调查。但是在试调查过程中，有些学生表现出了疑虑，因此就把这一部分信息去掉，变成完全关注学生译员对自身表现以及信息的理解和反馈。此外，对于参与访谈和撰写了自评报告的研究对象，一律以数字的方式进行标注，避免个人信息的泄露。

总之，笔者坚持在研究对象自愿、知情、有退出权、隐私有保障的情况下展开研究。

七、本章小结

本章详细介绍了本书的研究方法、研究设计和实验流程。首先在第二小节中详尽地介绍了本研究所选取的研究对象。研究对象分为两组，第一组是来自两所大学的翻译专业硕士学生共32名；第二组是有丰富经验的职业译员5名。第三小节交代了实验材料的选择以及实验前的准备工作。第四小节汇报实验的流程与数据的采集情况，其中包括获得实验许可、进行录音、录音的转写、自评报告的撰写、译后访谈的进行以及口译质量的评估情况。第五和第六小节分别阐明了研究的信度与效度,以及研究伦理的执行情况。

在接下来的一章中将围绕研究问题,对已经收集到的数据结果进行阐述,以分析在英汉交替传译中信息的缺失和补偿情况。

第五章 数据分析与讨论

一、引言

本章将会分为九个小节展开，主要对上一章介绍的实验中收集到的数据、结果进行分析、讨论和总结。本章第一小节介绍主要内容。第二小节进行模拟交替传译实验结果分析，分别从职业译员和学生译员两个方面进行深入的分析。第三小节分析调查问卷结果。第四小节分析学生译员的有提示回忆所得的数据结果。第五小节分析学生译员的自评报告结果。第六小节分析职业译员的译后访谈结果。第七小节介绍质量评估小组的评估结果。第八小节分别针对三个研究问题进行回答。第九小节对本章进行总结。

二、模拟交替传译实验结果分析

本小节对数据的分析与讨论，主要是回答本研究的第一个研究问题，即英汉交替传译中译员出现信息缺失有何特征。本小节是针对交替传译实验中收集的数据进行分析的。在实验中，职业译员和学生译员分别对一篇源语为英语的会议讲话进行了交替传译的翻译。实验材料为恩柏科软件公司的全球营销副总裁（美国人）在公司的亚太客户峰会上的讲话。讲话人语速偏快，大约为140词/分钟。话语特点方面，信息冗余程度较低、语言比较口语化、逻辑程度一般。

（一）职业译员实验结果分析

5名职业译员分别参与交替传译实验。研究者录音并回听译员的翻译，对照参考译文及提前设计的表格在相应的片段处标记出现的信息缺失问题，记录数据进行分析。下面以职业译员1为例来做一些分析。如表5-1所示：

表5-1 职业译员1第一段实验录音转写标注

行	序号	转写与标注
1	J1	Well, Nihao.
2	Y1	你好。
3	Z1-1	大家好。
4	I1	
5	J2	This is all I can say about Chinese.
6	Y2	这是我现在所能说的所有的中文了。
7	Z1-2	这是我唯一能说的中文了。
8	I2	
9	J3	I hope I could do better.

续表

行	序号	转写与标注
10	Y3	当然我很希望我的中文能更好。
11	Z1-3	我多希望我的中文能说得好一点。
12	I3	
13	J4	This is my second visit to Shanghai.
14	Y4	这是我第二次来上海。
15	Z1-4	这是我第二次来到上海。
16	I4	
17	J5	I was here this time last year for our annual customer event
18	Y5	去年这个时候，我来上海参加我们的年度客户会议，
19	Z1-5	去年的这个时候，我来到上海参加一年一度的顾客年会，
20	I5	
21	J6	and we are carrying out the same event tomorrow.
22	Y6	明天我们将再次举行年度客户会议。
23	Z1-6	明天的这个时候，我们新的顾客年会也将拉开帷幕。
24	I6	
25	J7	And I think we have an excellent turnout and now we are very excited to see a lot of our customers here.
26	Y7	我看我们今天会议的出席状况非常好，所以今天看到这么多客户参加会议，我们感到非常兴奋。
27	Z1-7	我很高兴看到（当我们的企业在中国蓬勃发展的时候），我们拥有着越来越多的中国客户了。
28	I7	1（错译）
29	J8	as we continue to grow our business in China.
30	Y8	我们在中国的业务持续增长。
31	Z1-8	当我们的企业在中国蓬勃发展的时候。

续表

行	序号	转写与标注
32	I8	
33	J9	You know, we are here to launch, to announce a major new ERP solution for business, not just for business here in China, but for businesses globally.
34	Y9	你们知道，我们今天举行这个会议是要推出强大的新款ERP商业解决方案。这一新款是为包括中国在内的全球商业所打造的。
35	Z1-9	此行我们要宣布和发布一款新的企业ETHIC软件，这款软件不仅适用于中国的企业，也适用于全球的企业。
36	I9	1(语音)
37	J10	We are very excited about what we've achieved with our product strategy and with our new EPICOR ERP offering,
38	Y10	令我们非常兴奋的是，我们成功推行了我们的产品战略，推出了新款EPICOR ERP。
39	Z1-10	我们对这款ERP软件所能做到的是非常兴奋的，因为这是在过去几年里头我们工作的重中之重，
40	I10	1（信息差，语义增添）
41	J11	which is a convergence of a number of our previous products to create one single new solution for the market.
42	Y11	该款ERP通过整合以前推出的多款产品，为市场打造了一套全新的解决方案。
43	Z1-11	我们在寻找一种综合性的解决方案，能面临市场的挑战。
44	I11	
45	J12	That is what we are going to talk to you about today.
46	Y12	我们今天要和大家介绍的就是这一解决方案。
47	Z1-12	我们今天就要介绍这一方案。
48	I12	

续表

行	序号	转写与标注
49	J13	You know, it's easy at this point in time to talk about new business growth,
50	Y13	此时此刻，谈谈新的商业发展并不难，
51	Z1-13	在现在这个时候或许是我们探讨新的经济增长的好的时候，
52	I13	
53	J14	but at the same time what's happening in the world markets, which we know are perhaps more connected these days than we like them to be,
54	Y14	但是在全球市场联系更加紧密，或许过于紧密的今天，
55	Z1-14	但同时我们也不能忽视现在的经济形势。因为他们之间的连接紧密性比我们想象的要强，
56	I14	
57	J15	is the current financial or economic status of global markets is in disarray.
58	Y15	国际经济、金融领域一片混乱。
59	Z1-15	尽管现在的经济形势不太景气，
60	I15	
61	J16	But at the same time, EPICOR believes that this is exactly the right time for forward-looking companies to be investing in IT.
62	Y16	然而 EPICOR 相信眼下也正是有远见的公司投资信息技术的最好时机。
63	Z1-16	但是 EYHIC 一直相信有前瞻性的企业。在对 IT 上的投资不会减少
64	I16	
65	J17	Now we know as well at EPICOR that, you know IT budgets have started to get a little bit smaller because of the current economic state of the markets.

111

续表

行	序号	转写与标注
66	Y17	可我们 EPICOR 也知道公司的信息技术预算开始有所下降。由于目前的经济危机。
67	Z1-17	在 ETHIC 里边我们自己也深知，现在对 IT 行业方面企业的投资是在减少的，主要是因为现在的经济形势不太好。
68	I17	
69	J18	But at the same time, they haven't stopped completely.
70	Y18	但是这些公司也没有完全停止信息技术投资，
71	Z1-18	但是 IT 投资并没有终止或者结束，
72	I18	
73	J19	Companies are just looking more closely at individual IT expenditure,
74	Y19	他们只是更加谨慎地对待每一笔信息技术投入，
75	Z1-19	只不过企业对 IT 的每一笔投资都更加仔细了。
76	I19	
77	J20	(thank you,) and making sure that they can justify each IT project's investment to ensure that it adds real value back to the business.
78	Y20	确保每个信息技术项目投资都非常合理，都能够确实给公司带来价值。
79	Z1-20	他会去思考每一笔投资所带来的回报率。
80	I20	1(语义)

　　表 5-1 中我们以职业译员 1 的第一段（20 个信息片段）翻译为例进行了转写、标注和对照。在 20 个信息片段的言语信息中，译员出现了四个问题。其中第一处是在第 25 行，第 7 个信息片段中，译员把该句中"And I think we have an excellent turnout"翻译为"当我们的企业在中国蓬勃发展的时候"，应该是译员出现

理解错误，造成语义信息缺失，属于信息读取过程中出现的问题。第二个问题出现在第35行第9个信息片段，译员将EPICOR，即公司的名字读音读错，读成ETHIC，造成语音信息方面的缺失。第三个问题出现在第39行，第10个信息片段，译员翻译出"因为这是在过去几年里头我们工作的重中之重"。显然这一个信息并没有出现在源语讲话之中，是译员为了调整自己的节奏而添加的信息。第四个问题出现在第77行，第20个信息片段中"justify each IT project's investment"这一信息点译员没有翻译出来，出现漏译，属于语义信息缺失。

在全篇讲话的89个信息片段中，职业译员1共出现16个问题，错误率为17.98%；其中语音错误2处，占比12.5%；信息增添2处占比12.5%；语义不当2处，占比12.5%；语义错误5处，占比31.25%；语义缺失5处，占比31.25%。

（二）学生译员实验结果分析

本书利用专业译员与学生译员现场翻译的结果进行相应编码，发现学生译员共发生错误平均为35.42次，其中在语音标记中共出现错误的平均值为8.55次，占发生错误比例的24.1%；语用标记错误中共出现错误平均为24.02次，占发生错误比例的67.9%。在语法失误中共出现错误平均为2.85次，占发生错误比例的8%。职业译员共发生错误平均为4.9次，其中在语音标记中共出现错误的平均值为1.6次，占发生错误比例的32.66%，语用标记错误中共出现错误平均为2.9次，占发生错误比例的59.2%，在语法失误中共出现错误平均为0.4次，占发生错误比例的 8.2%。

使用 SPSS 17.0 统计软件对职业译员与学生译员各类错误发生频次进行 t 检验，结果发现，职业译员与学生译员在 18 项错误中总体上差异显著，t=13.206，p<0.01。其中语音标记中，职业译员与学生译员发生错误的频次差异显著，t=12.956，p<0.01；语用标记中，职业译员与学生译员发生错误的频次差异显著，t=11.926，p<0.01；语法失误中，职业译员与学生译员发生错误的频次差异显著，t=13.351，p<0.01；学生译员在传译过程中发生的三类错误差异显著，t=11.311，p<0.01；语用标记错误显著高于语音标记错误与语法失误错误的发生概率。职业译员在传译过程中发生的三类错误差异显著，t=12.431，p<0.01，其中语用标记错误显著高于语音标记错误与语法错误的发生概率。如表 5-2 所示：

表 5-2 译员翻译错误对比分析

错误类型	语音标记							
	−	+	@	&	%	~	$	*
学生译员出现该项错误次数（M）	1.00	1.50	0.94	1.25	1.10	0.60	0.81	1.25
职业译员出现该项错误次数(M)	0.40	0.20	0.40	0.20	0.20	0.2	0	0
错误类型	语用标记							
	shi	IF	〔 〕	SK	DK	TK	WK	
学生译员出现该项错误次数（M）	3.66	4.68	3.25	2.03	3.06	2.75	4.59	
职业译员出现该项错误次数	0.60	0.40	0.40	0.40	0.30	0.40	0.40	

续表

错误类型	语法失误		
	#	()	{}
学生译员出现该项错误次数（M）	1.25	0.6	1
职业译员出现该项错误次数(M)	0.2	0.2	0

从表5-2中我们可以看出，学生译员的WK（世界知识）方面的信息漏译多达4.59次，由此可以看出学生译员知识储备的匮乏。所以，虽然很多学生将自己在口译过程中的信息缺失一概归结为听力问题，但实际情况并非如此。这也是对口译教学人员的一个提示。学生译员除了注重修炼语言和口译基本功之外，也应该关注其知识储备。

三、调查问卷结果分析

在交替传译实验结束之后，笔者立即向学生译员发放了调查问卷。为了研究的时间效率，问卷设计相对简单。因为学生译员的背景相对单一，所以就省略掉了个人信息的部分。问卷设计分为三部分。在调查问卷的末尾进行了进一步参与研究的意愿征询，如果愿意参加有提示回忆的学生译员填写这一部分，并随即进入等候教室依次准备进行。对调查问卷的结果进行分析，研究者发现32名学生译员问卷调查结果分别如下：

问题一（见表5-3）：

表 5-3　调查问卷第一题情况分析

是否经常做会议类讲话的英汉交替传译练习？	经常	偶尔	基本不做
人数	30	2	0
比例	93.75%	6.25%	0

本题属于导入性问题，主要考查学生译员课下进行相应的口译练习的范畴，以及对模拟交替传译实验材料的熟悉程度。从表5-3数据中可以看到，在32名学生译员中，经常进行练习的学生有30名，占比93.75%；偶尔进行练习的学生有2名，占比6.25%；基本不做练习的学生没有，占比0%。从这一维度可以看出参与本实验的学生译员对于实验材料所属的会议类讲话相对比较熟悉，应当了解相应的操作流程和应对策略。

问题二（见表5-4）：

表 5-4　调查问卷第二题情况分析

你认为这篇讲话的难度如何？	很难	还可以	很简单
人数	15	11	6
比例	46.9%	34.3%	18.8%

从表5-4可以看出来，有15名（占比46.9%）学生译员认为这篇讲话很难；有11名（占比34.3%）认为难度一般；只有6名（占比18.8%）学生译员认为该篇讲话很简单。我们在第四章第三小节中已经对讲话的背景和发言人做了简要介绍。笔者选取

让学生译员进行翻译的部分，基本没有专业词汇。上文也已经介绍，笔者在实验前专门请教了两位在软件行业的从业人士，请他们标出讲话中属于专业术语的部分。但是两位专业人士均表示在那一部分的讲话中，根本没有任何技术或者专业词汇。只有一个ERP(企业资源规划软件)勉强算专业词汇，但是在实验前已经向学生译员交代了这个词的译法，并且指出由于实际会场在场听众都是软件行业的从业人士，所以译员们直接用英语发音ERP即可。然而，调查问卷的结果却显示有将近一半（46.9%）的学生译员认为所翻译部分的讲话比较难。由此可见，学生译员对于材料的难易程度判断存在一定偏颇。而且由于心理暗示，因此学生译员在翻译过程中缺乏信心，反而影响翻译的效果和质量。

问题三（见表5-5）：

表5-5 调查问卷第三题情况分析

你对自己此次口译表现如何评价?	很满意	比较满意	不满意
人数	5	10	17
比例	15.6%	31.3%	53.1%

从表5-5我们可以看到，学生译员普遍对自己的表现不是很满意。有17名（占比53.1%）学生译员对自己的口译表现不满意；10名学生译员（占比31.3%）表示对自己的表现比较满意；只有5名学生译员（占比15.6%）对自己的表现很满意；可见学生译员普遍缺乏信心。研究者分析可能是由于译前提示学生要做的翻译材料是一篇偏技术性的讲话，也可能是由于实验的环境导致学生紧张，影响了口译的质量以及学生译员对自己的信心。

问题四(见表5-6):

表5-6 调查问卷第四题情况分析

你认为你在这篇口译中最主要的问题在哪一方面	表达不够流畅	信息不够完整	译法不够准确	翻译逻辑性差
人数	5	10	9	8
比例	15.6%	31.3%	28.1%	25%

对于自己的口译中的问题认识分布相对比较分散。有10名(占比31.3%)学生译员认为自己的信息不够完整;有9名(占比28.1%)学生译员认为自己的译法不够准确;8名(占比25%)学生译员认为自己的翻译逻辑性差;5名(占比15.6%)学生译员认为自己的主要问题是表达不够流畅。

从数据中可以看出一个比较有意思的现象。上一小节的实验数据分析结果显示,学生译员所犯的错误中,语用标记错误共出现错误平均为24.02次,占发生错误比例的67.9%。也就是说,错误率是比较高的,应该说是造成影响翻译质量的主要因素,但是很显然这与学生译员对自己的个人判断(多数人认为自己的主要问题在于信息不够完整)并不相同。

问题五(见表5-7):

表5-7 调查问卷第五题情况分析

在刚才的口译中,你是否有信息缺失的情况?	有	没有
人数	32	0
比例	100%	0

尽管在问题四的回答中，只有10名（占比31.3%）学生译员认为自己在本篇口译中的主要问题是信息不够完整，但是本题中全部32名学生译员都认为自己有信息缺失的情况，占比100%。可见学生译员对于这一问题的看法非常一致。

问题六（见表5-8）：

表5-8 调查问卷第六题情况分析

什么原因造成信息缺失	讲话信息的密集度	发言人口音	发言人的语速	讲话的内容
人数	12	6	10	4
比例	37.5%	18.75%	31.25%	12.5%

有12名学生译员（占比37.5%）认为自己的信息缺失问题是由于讲话信息密集度过高造成的。虽然在有提示回忆环节的提问中问及学生译员对于信息密集程度的理解时，学生译员并不能给出明确的定义，也无法说出具体的判断标准，据此推论其对这一问题的理解可能存在一定的模糊认识，但是可以明确的是，学生译员都十分重视输入信息的影响，即源语讲话信息密集程度对自己口译质量的影响。其中10名学生译员（31.25%）认为自己的信息缺失问题是发言人语速过快造成，这也验证了笔者之前的一个假设，即很多学生译员没有能够挖掘自己出现信息缺失的深层次原因，而是简单地归结为发言人语速或口音之类的原因导致对听力方面的问题。但是在对学生译员问及具体的语速快或者慢的标准时，学生译员并不能十分明确地给出数字。6名学生译员（占比18.75%）认为造成信息缺失的原因是发言人的口音难以听懂。

从以上两项统计数据可以发现，有16人（占比50%）认为是由于发言人本身的问题（包括发言人有口音和语速快两个问题）造成译员在听力理解的过程中遇到困难。4名学生译员（占比12.5%）认为是讲话内容问题造成自己口译过程中的信息缺失。值得注意的是，本题虽设计为多选题，但大家几乎不约而同地将其视为单选题，至少从数据统计上看是如此。

问题七（见表5-9）：

表5-9　调查问卷第七题情况分析

如果你在口译的过程中漏掉了信息，通常会是哪一类信息？（多选）	语篇相关信息	情景相关信息	主题相关信息	世界相关信息
人数	10	15	30	23
比例	31.25%	46.88%	93.75%	71.88%

这也是一道多选题，而且学生译员也给出了多样化的答案。多达30名（占比93.75）学生译员认为自己缺失的是"主题相关信息"，这可以说是非常高的比例。其次是认为缺失"世界相关信息"的有23名译员作出该种选择，占比71.88%。然后有15名译员认为缺失的是"情景相关信息"，占比46.88%。选择最少的是"语篇相关信息"，占比31.25%。而选择"情景相关信息""主题相关信息"的人数都超过了半数。

问题八（见表5-10）：

表5-10　调查问卷第八题情况分析

可以通过何种方法减少信息缺失？	充分的准备	扩大词汇量	提高听力水平	加强口译技巧训练
人数	20	27	28	17
比例	62.5%	84.4%	87.5%	53.1%

对于"可以通过何种方法减少信息缺失？"的问题，28名学生译员选择"提高听力水平"，占比高达87.5%，可见学生译员对听力的重视和对自己现有听力水平的不认可。认为应该"扩大词汇量"的学生译员人数为27人，占比84.4%。认为应该做"充分的准备"的译员，人数为20人，占比62.5%。人数最少的是认为应当"加强口译技巧训练"的只有17人，占比53.1%。

调查问卷的第二部分为三个开放式问题。具体回答情况如下：

问题九：你认为自己在平常口译练习中最大的问题是什么？

删减一些重复的或者表达不清的回答，译员的回答集中在如下六个方面（见表5-11）：

表5-11　调查问卷第九题情况分析

序号	问题类别	表现形式
1	口译技巧（9）	笔记记得过多；英汉转换速度慢；分神问题；语言组织能力差；抓不住逻辑关系；短时记忆能力差；不会做准备；进入状态会比较慢；信息遗漏严重
2	百科知识（3）	知识面比较狭窄；背景知识比较少；句子搭建问题；
3	语言习惯（3）	翻译时废话比较多；表达不准确；添加冗余信息；

续表

序号	问题类别	表现形式
4	英语语言能力（3）	听力不够好；词汇量太小；遇到长句子不会处理；
5	心理素质（2）	遇到生词会发慌；心理素质不够好；
6	母语水平（1）	汉语表达不够流利；

从表5-11中我们可以看到学生译员对自己在口译方面的问题做了较好地归纳。一些回答有重合或者表达不够清晰，而无法统计在内。统计出来的数据显示主要问题共可以总结为六类。按照下分子项目多少排列分别为：口译技巧、百科知识、语言习惯、英语语言能力、心理素质、母语水平。其中问题最多的是"口译技巧"，总结学生译员的回答分为下面9个子类别：（1）笔记记得过多；（2）英汉转换速度慢；（3）分神问题；（4）语言组织能力差；（5）抓不住逻辑关系；（6）短时记忆能力差；（7）不会做准备；（8）进入状态会比较慢；（9）信息遗漏严重。

问题出现频率第二位的有三类，分别为：（1）百科知识；（2）语言习惯；（3）英语语言能力。各项下面均含有三个子类别问题，对应前文顺序依次为（1）a知识面比较狭窄，（2）a背景知识比较少，（3）a句子搭建问题；（1）b翻译时废话比较多，（2）b表达不准确，（3）b添加冗余信息；（1）c听力不够好，（2）c词汇量太小，（3）c遇到长句子不会处理。

再次是心理素质方面的问题，表现形式为两个子类别，分别为（1）遇到生词会发慌；（2）心理素质不够好。最后是母语水平问题，学生译员总结的表现形式为汉语表达不够流利。

以上数据显示，大多数学生译员对自己的口译技巧最为关注，认为这是造成自己口译困难的主因。也有一部分学生译员注意到了口译能力构成的相关问题，如表中2—5项。但是需要指出的是，在各项问题的回答中有重叠的部分，所以子类别少不等同于认同的学生译员人数少。

问题十：如果你在口译的过程中发现自己缺失了信息，通常是如何处理的？

对于这一问题学生译员的回答内容相对较少，数量方面也少于问题九。对于上一题基本所有学生译员都做了回答，但对于本题有五人没有作答。而且得到的回答也并非十分具有建设性。总结起来如表5-12所示：

表5-12　调查问卷第十题情况分析

序号	处理手段	表现形式
1	不作为（6）	大段空白、停顿；不知道如何处理；只是感觉尴尬；总是想着漏了信息；但并不知道漏掉的是什么信息，所以也不知道补什么；赶紧翻译下一部分；尽量装作很镇静的样子；
2	重复（1）	重复前面的信息
3	补充（1）	如果想起来的话在后面补上
4	求助（1）	请求发言人重复或者解释该段信息
5	模糊化处理（1）	采取模糊化的处理

从表5-12可以看到，对于信息缺失情况的处理学生译员绝大多数是采取"不作为"（注：各种处理手段均为研究者在译员回答基础上的总结）。尽管学生译员的回答比较多，似乎罗列出诸多方法（六种表现形式），实际上不论是出现空白、停顿，还

是自我感觉的尴尬、佯装镇定，其实质都是没有或者说无法对出现的信息缺失情况采取措施。而"有作为"的，即采取了处理手段的四种，分别是重复、补充、求助、模糊化处理。每一种手段后都有一种表现形式。需要指出的是，"重复"这一手段的运用，虽然表面上译员做了处理，但是实际上并非是有贡献的处理方法，因为重复原有的信息，并不能弥补已经造成的新信息的丢失。而即使是真正意义上的处理手段，如"如果想起来就在后面补上"实际上也只是一种假设情况，无法保证译员真的就能够"想起来"并且"补上"。而且，如果是由于信息提取问题造成的缺失，即译员并没有获取这一部分信息，那么后来即使想起来也无法进行补充。

问题十一：你认为判断一名译员表现是否出色的最重要的标准是什么？

这一开放性问题的回答充分展示了"开放式"的特点，学生译员的回答表述非常之丰富。研究者将其归纳为表5-13中的七种标准类别：

表 5-13　调查问卷第十一题情况分析

序号	标准类别	表现形式
1	内容（信息）	能够完整准确地传递内容；流畅、完整地传递出讲话人的信息；流利地表达出基本信息；首先是能否准确传达说话者的意思，保持内容的完整；基本信息无遗漏、表达流畅、逻辑性强
2	演说技巧	流畅、完整地传递出讲话人的信息；流利地表达出基本信息；语速适中；口齿清晰、表达流畅，一定要让人听得"舒服"
3	语言能力	语言输出准确、地道、信息完整；良好的英、汉语言基础；英语听力口语好

续表

序号	标准类别	表现形式
4	心理素质	镇定、不慌张；临危不乱；遇到难点也能够泰然处之
5	口译技巧	快速反应能力；反应快、记忆好、逻辑强
6	职业素养	身体素质好；口齿清晰、表达流畅
7	逻辑	逻辑清晰

从表5-13中可以看出学生译员的回答比较分散，而研究者在归纳标准类别的时候也尽量涵盖所有回答的类别。但是在整理这些回答的过程中会发现很多学生译员在回答的时候实际上是一句话中包含多个标准层面。例如有的学生译员的回答"流畅、完整地传递出讲话人的信息"就包含着两个层面的标准：其一为公众演说技巧方面的标准，即要"流畅"；其二为内容（信息）方面的标准，即要"完整地传递出说话人的信息"。所以，笔者将有些子类型的表述重复列于相关的标准类别之下。学生译员在回答过程中还有诸如"发音标准""能够流畅的将完整的信息表达出来，并让目标语言者能够理解"等回答，尽管表述不同，但与表格中所列举出来的子类型雷同，因此笔者在归纳统计的时候做了同类删减。

四、有提示回忆结果分析

有提示回忆法是对实验数据结果进行佐证的有效的研究方法。在第三章中已经将采取该方法的缘起及目的、注意事项进行了阐释。在这一阶段，笔者就利用该方法对实验研究的数据进行验证分析，以期发现新结论。

（一）有提示回忆对象范畴

在将实验中学生译员的交替传译录音之后，全体译员都马上进行了调查问卷的填写。为了进一步了解学生译员实验中表现背后的原因及其认知过程，笔者请某外国语大学的4名学生译员填写了问卷后，在相邻教室进行有提示回忆。学生译员需要回忆的对象仍然是之前刚做完的英汉交替传译中自己的录音。在此环节进行前，研究者要做好计划和安排。有提示回忆能够发挥作用，并提供真实有效的数据的前提是能够在实验活动进行之后立即开始。否则受试者产生遗忘之后，就很难准确地回忆或回想起当时的情形或者认知过程。如果产生了时间差，那么就会对受试者产生回忆干扰（recall interference）。而且随着时间差增大，记忆会越来越模糊，受试者就越有可能根据推测研究者的意图，或者根据笔者的提示来进行回答，从而会影响数据的准确性。因此该项研究在模拟之后立即进行。4名学生译员先后在笔者的提示下听录音并回忆，每个人用时均为一小时左右。所用工具为刚刚完成的口译录音音频、录音笔、实验用材料文本和记录用的笔、本。

（二）有提示回忆反馈

在这一过程中笔者在一名研究助手的帮助下，首先听一遍译员的录音，并在自己想提问的时间节点进行标注。期间学生译员进行短暂休息。标注时间和问题之后，请学生译员进入教室。在该环节进行之前，首先对有提示回忆的参与者进行了简短的培训，告知他们具体流程。由于之前参与过研究的其他环节，因而学生译员对研究的进程有所了解，也十分清楚接下来将要进行的有提示回忆的流程。

笔者按照自己之前标注的时间暂停播放中的录音，并提问学生译员诸如"你在这里停顿了差不多五秒，还记得是什么原因？""这里你出现了回译的现象，能否解释一下为什么要回译？""为什么在这里说是'我作为一个新的顾客来到上海'？"学生译员在听到自己的录音时大多都比较尴尬，有的对自己翻译的非常不满意；有的学生译员在回答的过程中说，"我忘了当时为什么那么翻译了，感觉过了好久"；也有的学生译员似乎猛然惊醒，没有预料到自己的口译现场是那样一种情形。

笔者在简短回顾录音的过程中发现，学生译员在"We are very excited about what we've achieved with our product strategy and with our new EPICOR ERP offering, which is a convergence of a number of our previous products to create one single new solution for the market."翻译这句话时，出现了相对较长时间的停顿，直接把 which 后面的部分省略掉。有的虽然在停顿之后也进行了翻译，但是很明显译文中并没有出现"convergence"一词的对应信息翻译。因此研究者在这一句基本都做了停留，并提示学生译员分别解释当时的心理过程。一名学生说自己在演讲人说出了"convergence"一词的时候，已经完全忘记了自己是否听过这个词。另一名学生译员的回答是"发言人讲完这句话后，有的词没听懂，就影响了整句话的理解，翻译的时候也不知道怎输出，于是就选择硬着头皮，顺着意思，自己发挥了。比如说'convergence'我就不知道在这里是什么意思，不过还好后面有'product strategy'，我就直接翻译产品策略，还能勉强完成这句话的翻译。"对于源语讲话中出现的"They are three more times likely as well to develop centers of excellence to provide businesses insights back to their user population."这一句存在翻译不够流畅且略掉信息的情况，学生译员解释说由于专业性词汇较多，而且发言人总会使用长难句，其内容逻辑不是很明显所致。所以可以得出的结论是该语料对于该学生译员来说难度较大。

此外，对于信息遗漏、停顿的现象，学生译员分别阐释了原因。学生译员表示，"一些专业性词汇是主要问题，因为不熟悉该领域词汇，就会花费精力去想它是什么意思，该如何翻译？在思考的时候，往往讲话者就已经讲完了一句话，这样就导致信息的遗漏，而不熟悉甚至没见过的词最终也翻译不出来"。

一名学生译员对于自己的停顿表示，"除了专业性词汇外，一些明明知道的词也出错，有的是因为误听成为别的单词，导致翻译错误，还有些单词是没有在第一时间反应出来汉语，时间浪费在思考上，而导致后一句信息丢失，还有不认识的单词往往会导致一整句话的信息都会遗漏"。例如在"our annual customer event"这句中，由于把 event 误听为 invite，听的时候很困惑，于是笔记便记作 cus inv，翻译时就不知道该如何处理了。紧接着处理笔记中的'明天'时，无法做出正确的处理。本应该是明天要进行同样的事件，即一年一度的客户大会，却误译为"明天的这个时候，我还是来到了这里"。当时在笔记上分配时间有点多而导致信息彻底遗漏。第二段 launch 这个单词没有在第一时间反应出汉语意思，处理方式采取随机应变，译作"带来了"ERP 这个软件。由于对 ERP 这个词的翻译投入太多精神，所以忽略了 ERP 后面的信息 solution for business，从而导致信息遗漏。

学生译员对于有提示回忆这段的分析为本书提供了非常有价值的数据材料。

五、学生译员自评报告结果分析

十名学生译员在填写了调查问卷之后，同意参加进一步的研究，撰写自评报告。自评报告建议要求在第四章第四小节中进行了介绍。学生明确了基本的要求，并在实验完成的当周周末前提交电子版的自评报告。完成情况见表5-14：

表5-14　学生译员自评报告撰写基本情况

性别	译员来源	提交时间	资料编号
女	外语类院校	2015.6.29	S1
女	外语类院校	2015.6.29	S2
男	外语类院校	2015.6.29	S3
男	外语类院校	2015.6.29	S4
女	外语类院校	2015.6.29	S5
女	外语类院校	2015.6.29	S6
女	外语类院校	2015.6.29	S7
女	外语类院校	2015.6.28	S8
女	外语类院校	2015.6.28	S9
女	外语类院校	2015.6.28	S10

学生自评的篇幅长短不一，有的只是非常简单地回答了研究者要求在自评报告中必须阐明的内容，即自己认为在口译实验中的信息忠实性、译语准确性、表达流畅性的表现状况。但是有的学生的自评报告非常丰富。首先是对自己的翻译译文进行了全文转写，然后概括自己对此次翻译实践的整体印象，深刻剖析了自己在此次实践中的表现以及出现的问题，甚至有的还提出了今后应该在哪些方面提高自己。

有的学生译员在分析自己在翻译中出现问题的原因时，认为是自己"对讲话背景的不熟悉，对计算机软件行业了解的信息比较匮乏，导致理解出现问题。只知道这是恩柏科公司副总裁推销一款企业资源管理的软件。但是既不清楚他们公司到底是做什么的，也不明白这个软件的具体信息"。认为"应该扩大自己的知识面，最好能在口译前做充分的准备。以这个语料为例，可以提前了解一下恩柏科公司的基本信息，包括他们这次来推销的这款软件，有什么功能和作用以及面向的客户群体。充分的准备不仅能加强对听力的理解，更能提高自信心，有个良好的心理状态"。

有的学生译员表示自己"同义词掌握得太少。比如convergence这个词，能听出来，而且讲话人反复提到这个词并用了重音，做笔记时我猜想这应该是核心词汇，花了更多精力去回忆这个单词，导致错过了接下来的一些信息，也影响了心态"。

还有学生译员认为自己对短音节的词不敏感，反应慢。有的长句子多数由短音节词组成，听的时候感觉吃力，分辨不清。比如第三段，遗漏了一个信息点"确保每项对信息技术的投资都能带来回报"(to make sure that they can justify each IT budgets to ensure it adds value back) 短音节的词说的时候容易语速过快，加上句子比较长，容易丢掉信息。

此外，有的学生译员评价自己"口头语、语气词太多"。对语料背景知识比较陌生，没有上下文可以联系，开始不确定自己理解的是否正确，翻译出来的是否符合原文意思，所以显得底气不足，紧张导致无意识地添加了很多"额……这个……"这样的冗余成分。

也有的指出自己的"注意力的分配问题"：之前看过吉尔一篇关于同传认知饱和的论文，提到的注意力的分配在这次交替传译中也适用，涉及听辨、记忆、产出。自己的注意力大多数都分配在了听辨这一环节上，有的听力内容在听的时候能够理解它所传递的信息，但是由于笔记记得简略，没有加强记忆，翻译的时候信息变得破碎，没法连贯起来。

在"逻辑分析能力"方面，有的学生译员指出自己在第三段和后几段的产出都比较少，没有把握好内容的逻辑关系，记单句，导致信息丢失。例如：Although they increase their spending in IT even in down markets, they actually do that by reducing their costs in the areas of finance, in the areas of human resources. They manage to get savings anywhere in the region of 51%, 10% of 51% in each of those general and administrative areas, but at the same time, they continue to invest in IT，自己完全没有搞清楚10%和51%的关系。这样在翻译的过程中就很难理清思路，形成清晰的逻辑，最终的结果必然是信息缺失。

总结学生译员在自评报告中提到的自己的问题，基本集中在以下几个方面：笔记的问题、语言表达的问题、注意力分配、短时记忆、英语听力和词汇量的限制、百科知识缺乏。

尽管学生译员的表述不同，列举的具体案例各有差异，但是可以总结为以上六个方面的问题。可见学生译员对自己此次的模拟交替传译的表现进行了较为细致的分析。所有十名学生译员都讨论了自己在"信息"方面的问题。同样也是表述不同，有的说成是"信息缺失"，有的说是"信息遗漏"，也有说是"信息不够完整"。总之，都表明学生译员也将信息完整性作为判断口译质量的重要标准，并对口译过程中的信息缺失现象十分关注。

同时，学生译员在写自评报告的一项内容是针对自己在此次口译过程中译文的信息忠实性、译语准确性和表达流畅性分别进行评分，每部分值均为百分制。汇总评分并对其进行配对 t 样本检验，结果如表 5-15 所示：

表 5-15　配对样本 t 检验结果

项目	t	df	sig.
信息忠实性 & 译语准确性	−36.178	27	0.000
译语准确性 & 表达流畅性	−1.098	27	0.281
信息忠实性 & 表达流畅性	−39.456	27	0.000

从表 5-15 中可以看到，学生对信息忠实性和译语准确性的评分差异显著，$t=-36.178$，$p<0.01$；学生对信息忠实性和表达流畅性的评分差异显著，$t=-39.456$，$p<0.01$；但对译语准确性和表达流畅性差异不显著，$t=-1.098$，$p>0.05$。其中对信息忠实性评分的均值为 69 分，对译语准确性和表达流畅性的评分均值分

别为81分和83.4分。这些数据对比也佐证了学生译员认为自己在信息忠实性方面存在不足。

谈到"在传译过程中出现信息缺失的情况下，分别采取何种应对（补偿）策略"这个开放性问题时，在学生的答案中锁定关键词进行汇总发现：要求发言人重复的占比较大；也有学生译员认为可以模糊化处理的；还有绝大多数学生认为既然已经缺失，那么就当省略了即可。可见学生译员在传译过程中出现信息缺失的情况下，多采取省略（补偿）策略。这与问卷调查第十题的数据统计总结的策略有三点相同，即都采取了"不作为""求助""模糊化处理"。

六、职业译员译后访谈结果分析

由于访问全部专业译员存在困难，本研究在专业译员传译结束后，对其中一位译员进行了访谈，主要针对在传译过程中出现信息缺失的情况下分别采取何种应对（补偿）策略进行了访谈。

访谈中研究者首先向专业译员表示感谢，帮助完成这次实验，而且答应参加这次访谈。之后介绍进行访谈的主要的目的是想了解一下这次实验的感受，并提醒会对访谈进行录音，但是会对访谈内容保密。访谈时间为近一个小时。

在访谈中基本按照之前确定的访谈提纲；第一部分，此次交替传译实践的自我评价，其中包括三个子问题：（1）是否对自己在这次口译中的表现满意；（2）如果可以，能否进行自我评分；（3）如何对口译材料难度评价。访谈的第二部分涉及交替传译实践中的信息问题，包含两个子问题：（1）对一般意义上的会议口译中交替传译质量的标准判断；（2）如何看待交替传译中的信息，即口译中信息的地位何在。第三部分也是包括两个子问题，设计初衷是为了解职业译员在会议口译中如何应对信息缺失，包括两个方面：（1）实践中自己对信息缺失判断，即是否认为在口译的过程中会有信息缺失，以及缺失的程度；（2）如果对前一个问题的回答为是，那么自己及同行是如何应对的。此外，在访谈中也涉及其他会议口译相关的内容。

对于此次口译中的表现，译员表示比较满意。但是没有给出自我评分。而对于讲话材料的难度，译员表示难度一般。没有什么过于专业的内容，或者复杂的原理，只是非常普通的介绍。译员觉得通常所说的"难"应该说是相对的。因为可能是发言人的原因，例如"可能是太专业了，可能是发言人语速太快或者口音太重啊"；但有时候"还可能是译员自身的原因，没有做充分的准备、自己状态不好或者太劳累什么的"。

而对于会议口译质量标准，译员表示大家看问题的角度不同，但是个人比较倾向于准、稳、快。其中的"准"，指的是"内容准确"，或者说是信息方面的准。"稳"指的是表达方面，无论遇到任何情况，译员都应该冷静自持、平稳优雅地完成自己的翻译。"快"指的是反应的速度，译员要"在尽可能快的时间内作出反应，并尽快开始自己的翻译，以满足沟通的需求"。而对于实践中是否会有翻译的时候缺失信息的情况，译员表示会有，通常如果出现了自己也会意识到。原因"无外乎就是前面说的两个方面"。而对于应对这种情况，译员"通常首先做的不是弥补，而是在发现之后迅速冷静下来,不能因为已经出现的问题影响接下来的翻译"。但是"在有可能的情况下,也尽量把缺失掉的信息补回来"。不过这种"补"必须要"伺机而动",不能显得生硬,为补而补。

职业译员表示,在出现信息缺失的情况下,一般自己会做出比较明确的判断,有机会的情况下也会通过询问发言人解释、补翻信息;通过上下文语境推测,在后期翻译中加以补充、进行模糊化处理的补偿策略。但是职业译员也表示,作为一名资深译员,这种情况出现的几率已经比较小了。

七、质量评估小组的评估结果分析

影响口译质量评估的因素很多,如口译工作的本质、各种不同要求的任务、口译员的主观努力、源语发言人与现场听众的客观反馈以及评估的目的等。因此,质量评估小组的评估数据实际上也仅仅应当被看作研究的佐证数据之一。而且由于评估的主体、评估的对象以及目的不同,选取的角度也千差万别。为了服务于本书的目的,本书按照研究规划,并与质量评估小组成员共同协商,采用相同的质量评估表格标准(如表5-16),在同一时间和地点对相同的录音复听并且打分。

表5-16 口译质量评估表格(部分)

编号	信息忠实度	语言表达准确度	语流发布质量	策略运用的效度
A1				
A2				

评估小组分别对学生译员以及专业译员在"信息忠实度、语言表达准确度、语流发布质量、策略运用的效度"四个维度进行评估。结果如表5-17所示：

表5-17　口译质量评估评分

分数　　项目	职业译员	学生译员
信息忠实度	96.4	71
语言表达准确度	96.4	83.4
语流发布质量	92	90.7
策略运用的效度	95	78.2

通过口译质量评估小组对于口译质量的评分我们可以发现，两组的评分符合我们对结果的预期，职业译员的口译质量评分远远高于学生译员组。对两组译员的口译质量进行配对样本t检验，分别得出各项数值（其中df为自由度，sig为显著性水平，p为概率）。结果如表5-18所示：

表5-18　口译质量配对样本t检验

项目	t	df	sig.
信息忠实度	−35.215	1	0.000
语言表达准确度	−37.328	1	0.000
语流发布质量	−2.032	1	0.342
策略运用的效度	−34.561	1	0.000

从表5-18中可以看到，学生译员与职业译员在信息忠实性维度上的得分差异显著，t=−35.215，p<0.01。学生译员与职

业译员在语言表达准确度维度上的得分差异显著，t=-37.328，p<0.01。学生译员与职业译员在语流发布质量上的得分差异并不显著，t=-2.032，p＞0.05，说明专业译员与学生译员在该项的学生译员在语流发布质量的维度二得分相近，也进一步说明二者在该项能力上无显著的差异。学生译员与职业译员在策略运用的效度维度上的得分差异显著，t=-34.561，p<0.01。由以上数据也可以验证之前的假设，信息表达的完整准确是与口译中其他维度息息相关的，即译员在信息完整和准确性方面表现比较好的情况下，通常也意味着在"语言表达""语流发布""策略运用"等方面表现突出。

八、研究问题数据结果与讨论

在以上各个小节中研究者已经将不同研究方法所搜集到的数据分别进行了阐释和分析。汇总以上各项研究工具所取得的数据，研究者针对提出的三个研究问题进行讨论。

（一）研究问题一数据结果与讨论

本书的第一个问题为：交替传译中信息缺失的特征是什么？

回答本研究问题的数据来源是模拟交替传译实验的录音转写及标注数据和调查问卷统计的量化工具，以及自评报告和有提示回忆的质性工具。

本章第二小节中详细介绍了英汉交替传译实验中学生译员（翻译专业硕士口译方向）和职业译员的表现。通过对一篇源语为英语的会议讲话进行交替传译的模拟翻译之后，对口译表现分别进行录音、转写以及标注，从而进行比较、分析。可以看出在两组译员的口译过程中都出现了或多或少的问题。从出现的错误来看，错误包括表达以及内容方面。口译的错误类型主要体现在省略、语音失误、语用失误、语法失误四个方面。

结合学生译员模拟口译录音转写、标注，有提示回忆录音转写、分析，以及问卷调查、自评报告的结果，我们可以得出如下结论：对于信息方面，无论是职业译员还是学生译员，在翻译的过程中都不可避免地会出现缺失的情况。但是表征有所不同：

1. 职业译员出现的缺失主要集中在语义信息层面

对职业译员在模拟交替传译中的表现进行录音、转写并进行错误标注之后，我们发现职业译员在语义方面的信息缺失（包括直接语义信息缺失和语义错误造成的缺失）占比达到75%；信息增添造成的语义缺失占比12.5%；而语音信息缺失（包括语音错误造成的信息缺失）占比12.5%。少数情况下会出现语音方面的信息缺失，基本不出现语用信息缺失。而且职业译员较少出现大段空白、回译、重复，甚至短暂停顿的现象；也基本没有多余的副语言信息。

2. 学生译员的信息缺失较为明显地体现在语用错误层面

通过对两组译员的组合，即A组学生译员和B组职业译员的数据进行编码、分析（见4.2.3），发现学生译员发生错误平均为35.42次，其中在语音标记中共出现错误的平均值为8.55次，占发生错误比例的24.1%；语用标记错误中共出现错误平均为24.02次，占发生错误比例的67.9%。在语法失误中共出现错误平均为

2.85次，占发生错误比例的8%。职业译员共发生错误平均为4.9次，其中在语音标记中共出现错误的平均值为1.6次，占发生错误比例的32.66%。语用标记错误中共出现错误平均为2.9次，占发生错误比例的59.18%，在语法失误中共出现错误平均为0.4次，占发生错误比例的8.16%。

使用统计软件对职业译员与学生译员各类错误发生频次进行t检验，结果发现职业译员与学生译员在18项错误中总体上差异显著，其中语用标记错误显著高于语音标记错误与语法错误的发生概率。由以上数据可以看出，学生译员在出现的错误频率和比例方面，远远高于职业译员。当然，由于两组译员在语言水平、受训时间、行业经验方面存在巨大差异，因此出现上面的差距也完全符合预期。

3. 译员心理焦虑程度与信息缺失成正比

在上面的实验中，实验用的语料是技术类讲话的开头部分，所以并没有涉及技术词汇。但在听说了讲话的相关背景信息之后，学生译员自动将其归类为技术类讲话。实际上相对于一年级下学期的翻译专业硕士而言，这样难度、长度、语音、内容、语速的讲话，并不应该算难。但仍然有将近一半的学生译员认为是"很难"，这一方面可以从第一题的回答，即"你是否经常做会议类讲话的英汉交替传译练习？"可见一斑。对于该问题的回答是否能够反映真实的情况有待商榷。通常情况下，这一阶段的学生译员如果课后有练习，那么练习的主要形式材料应该是会议讲话。而学生的回答可以解释为两种原因：一是经常做的练习是中到英的会议讲话，二是不排除一部分学生因为对前一个实验中的模拟口译做的不够理想，从而更愿意解释为自己平常练习的少。

此外，在有提示回忆的过程中，基本所有的学生译员都提到"这篇讲话偏技术性""讲话有很多长难句，信息密集度比较高""讲话中有很多专业词汇，自己不够熟悉技术专业领域"，等等。

在学生译员的自我评价报告中，也有人指出"对计算机软件行业了解的信息比较匮乏，导致理解出现问题"。也有译员表示"因为该语料中总有长难句，所以句子的翻译对我造成了很大的困难，再加上对该领域内容不熟悉，长句中包含生单词，那就是雪上加霜，必然导致信息遗漏或者信息翻译不准确"。还有译员表示"对语料背景知识比较陌生，没有上下文可以联系，开始不确定自己理解的是否正确，翻译出来的是否符合原文意思"。尽管表达不同，但是从这四种研究工具收集到的数据中都可以发现学生译员首先对自己的信息缺失的首要原因归结为语料的难度问题。并且从其表述中可以发现，在听到对讲话的背景介绍后，很多学生译员即将其难度等级提高到超过实际难度的程度，从而导致在翻译过程中信心受到影响，进而进一步影响自己的翻译质量。相反，职业译员无论是在现场的表现、语音传达，还是译后访谈的结果，都可以反映出职业译员在口译的过程中没有焦虑。由此可以发现译员焦虑程度越高，信息缺失也就越明显。

（二）研究问题二数据结果与讨论

本书的第二个问题为：交替传译中信息缺失产生的原因是什么？

1. 认知结构是信息缺失程度的重要影响因素

回答第二个研究问题的来源是模拟交替传译实验所搜集的数

据、调查问卷第二部分开放性问题所提供的量化工具,以及对职业译员的半结构访谈和有提示回忆所提供的质性工具。没有和发言人及听众交流的可能。除了话语所能传递的基本信息之外,译员须多渠道、多方位捕捉补充信息,充分调动主题知识、认知补充来帮助理解。这些都会增加口译任务的负荷(许明,2008)。在口译活动进行的过程中,译员既要面临时间的压力,又没有机会和发言人进行交流也无法查阅资料,只能在现场充分调动自己"储存"的知识,运用已有的认知来进行翻译。

通过对实验数据的分析和研究问题一定回答,我们发现了交替传译中译员出现信息缺失的特征。我们发现通过对比实验中学生译员和职业译员发生信息缺失的频率和节点,可以看到职业译员(在本实验范围内)是远远好于学生译员。在对学生的问卷调查中、有提示回忆和自评报告中,可以发现学生普遍认为该篇讲话"比较难""专业技术词汇太多"。而反观职业译员的模拟口译表现,以及之后对其进行的半结构访谈,都可以发现职业译员普遍认为该讲话内容非常简单,"基本没有什么难以理解的信息""信息密集度也不高"。这是造成两组译员在模拟口译表现差异的重要因素。因此,认知结构的差异是造成信息缺失地重要影响因素。例如,有的学生译员在自评报告里指出"turnout""world-class""customer event""business procurement"等是"生词",说明学生译员的认知结构在很大程度上阻碍了其信息的摄入。由此可以得出第一个结论。

2. 焦虑状态是造成译员信息缺失的重要原因

此外,正如在文献综述部分所提到的,两个共时信息可以在非过滤的状态下，在所有感觉录入系统内得到处理。但在过滤过程中，为了避免有限的信息处理能力过载，两者将按序依次进行。要使口译活动中的共时信息能够顺利通过译员的认知机制，就要使注意（attention）能够顺利进入到译员的信息通道，而不是在通过的过程中发生衰减。换言之，注意的反应选择模型理论认为，刺激信息进人知觉分析阶段后，注意是对刺激信息反应的选择，有一些信息之所以未被注意，是因为个体已对另外的刺激信息作出了反应，即注意了其他的刺激信息，使在知觉分析后的另外一些刺激信息得不到继续加工与处理所致。所以即使在出现并行信息的情况下，注意要立刻再回到原先第一个活动上。因为这种跳接的动作十分快速，所以理想中不会有信息漏听的现象。但是信息的接收很少有完全通顺无阻的，一旦输入信息中有特别难懂的地方，可能就会发生信息的缺失。

此外，职业译员和学生译员在发生信息缺失时，语音信息缺失程度的较大差异。职业译员以译员1为例，在整个语篇翻译中仅出现两次；而学生译员在语音信息缺失方面（见第四章数据分析）则出现较多问题。而且在进行有提示回忆的过程中，学生译员对自己出现信息缺失或者失误的解释，出现最多的是自己的紧张和焦虑，由此导致自己的短时记忆、笔记读取等方面出现问题，而无法准确地翻译，这可以进一步提供佐证，因而我们得出的第二个结论。

3. 倒摄干扰会造成信息缺失

在口译中信息进入译员的信息输入通道之后，译员就要对信息进行加工。然而如果在某一点上出现了特殊的情况，如外界因素的干扰、声音比较小、口音比较重等，译员往往会停下笔，甚至完全停止记笔记而专心地听（杨承淑，2010）。之后一旦听明白或者说捕捉到信息之后，译员就要加快速度，将刚才专心听的那段信息补记下来。此时的译员如果经验丰富，就会知道必须让注意力在快速补记与听下一段信息之间，做更快速的来回转移。但是，如果译员技巧不够熟练，也许只会拼命补记信息，却忘了继续听。属于口译过程研究的中间阶段即口译的信息加工处理，如知觉、注意、理解、记忆转换与表达。如果在这一过程中由于外界环境的影响而使信息加工受到阻碍，那么不够熟练或者说缺乏经验的译员很有可能就会缺失后续的信息，此时心理学中所说的"倒摄干扰"就会产生干扰作用，从而造成信息的缺失。这也进一步验证了对于口译信息提取失败原因的论断。鲍刚认为短时记忆的遗忘因素主要是来自于干扰。因此，译员在进行口译尤其是短时记忆的过程中会受到各种因素的干扰。心理学中所说的"前摄抑制"应用于口译研究中，指对言语语篇的起始部分记忆很好，但这一部分却对中间部分有干扰。而如果语篇结尾部分记忆很好，但同样影响中间部分的记忆，就是心理学中的"倒摄抑制"（或干扰）。从本书的结果中分析得出结论，相对于学生译员来说，倒摄干扰更为强烈，会造成信息的缺失。

以上三个结论回答了本书的第二个问题。

（三）研究问题三数据结果与讨论

本书的第三个问题是：当信息缺失产生时，译员如何进行信息补偿？

通过对实验数据、调查问卷数据、自评报告结果、半结构访谈，以及质量评估小组的质量评估结果数据进行分析，已经能够回答本研究的前两个问题，即译员在进行英汉交替传译的过程中信息缺失的特征及产生信息缺失的原因。那么，在出现信息缺失的情况下，职业译员和学生译员也都能够意识到，并且有意识地去采取一些应对（补偿）措施。但是学生译员的应对策略或者说补偿维度较为丰富，反倒是职业译员由于出现的信息缺失相对较少，用的补偿并不如学生译员多。

1. 有意补偿（或错误补偿）

在模拟口译的过程中学生译员出现了诸多的错误，有一些如语用方面的错误。在回答出现这些错误的原因的过程中，研究者发现：相当一部分学生译员解释说自己之所以出现这方面的错误是由于"当时翻译的过程中并没有意识到自己出现了错误，以为是对特定信息的翻译"。一位学生译员指出："首先词汇方面，对于词汇和短语的翻译存在错误"。从该学生译员列举的一长串翻译错的单词列表中可以看出译员在翻译的过程中出现了多少错误。当然这些错误不值得鼓励，但是从研究的角度出发，我们仍然可以看出这是学生译员一种有意识地对信息缺失进行补偿的方法。我们姑且称之为是"以错补缺"，即这种补偿是有意补偿，但由于是没有机会获得求证或者进一步信息补充情况下的补偿，往往是译员为了弥补自己心理方面的负担而进行的，有的时候代价是以错误来进行补偿。

2. 资深译员倾向于进行"隐性补偿"

而对职业译员的录音进行整理标注、观察、分析，可以发现职业译员进行的补偿在数量上少很多。正如在对职业译员的译后访谈中,职业译员多次表示:在口译中发现自己信息缺失的时候,通常会迅速衡量缺失信息的重要程度,并预测对后续口译任务的影响。如果预测影响较小,通常都会舍弃补偿。即使是要进行补偿,也要"伺机而动",在语义信息适当的情况下进行。通常不会采取询问发言人、重复、明显补充的情况,因此我们总结出上面的结论。即便是在资深译员判断自己要进行补偿的情况下,也更倾向于以隐晦的、不引起听众注意的方式进行,故而我们称之为"隐性补偿"。

3. 口译学习者较多使用"显性补偿"

在对学生译员的口译录音进行观察和转写的过程中,笔者发现学生译员有群体性的补偿策略。同时学生译员问卷调查中对问题10的回答显示,学生译员会在出现信息缺失时进行五种方式的补偿,分别为:不作为(不补偿)、重复、补充、求助发言人、模糊化处理。有提示回忆及他们的反思报告也都进一步佐证了这些结论。无论是求助发言人、重复、补充、还是模糊化处理,都是显性的补偿手段。据此我们可以总结出学生译员作为口译学习者的补偿策略为"显性补偿"。

九、本章小结

本章通过对研究工具得出结果的逐项分析,回答了第一个研究问题:交替传译中信息缺失的特征是什么?本书得出的结论分为三个方面:(1)职业译员出现的缺失主要集中在语义信息层面;

（2）学生译员的信息缺失较为明显地体现在语用错误层面；（3）译员心理焦虑程度与信息缺失成正比。关于第二个问题：信息缺失产生的原因是什么？本书总结的结论为：（1）认知结构是信息缺失程度的重要影响因素；（2）焦虑状态是造成译员信息缺失的重要原因；（3）倒摄干扰会造成信息缺失。关于的第三个问题：当信息缺失产生时，译员如何进行信息补偿？本书认为，译员会进行（1）有意补偿（或错误补偿）；（2）资深译员倾向于进行"隐性补偿"；（3）口译学习者较多使用"显性补偿"。最后一小节对全章内容进行了回顾。

第六章 结 论

一、引言

本章为全书的结论部分。在之前章节的研究流程结束、数据进行分析讨论的基础之上,对研究的结论进行再次总结。

本章共分为五个小节。第一小节简要介绍本章的主要内容。第二小节阐明本书的主要发现,汇报如何通过研究和分析解决研究问题。第三小节指出本书的创新之处和贡献,并提出对未来口译教学的建议。第四小节介绍本书的不足之处和局限性。最后一个小节是对未来研究的展望。

本书研究结果表明:合理地分配注意力资源、积极调动认知补充、灵活使用口译技巧,是构建交替传译中成功的信息补偿的必要条件。本书对交替传译中的信息补偿进行研究,对职业译员与学生译员的信息补偿进行对比,是对口译产出理论研究的有益补充,有助于口译教学以及口译质量的提高,并可能成为实证方面的参考。

二、本书的贡献

通过对口译实践与教学实践中发现的问题进行深入探讨，明确研究问题，回顾相关文献和前人研究，本书聚焦于交替传译信息加工过程中出现的信息缺失现象，描述问题、揭示规律，对口译研究、口译教学和口译实践都具有相应的价值。本书的贡献主要体现在三个方面：

首先，丰富和发展了口译理论研究。口译研究自萌芽以来获得了蓬勃的发展。近年来更是由于其充分结合相关学科展开的跨学科研究而获得新的生命力。口译过程中的信息加工研究在经历了人文科学研究范式和自然科学研究范式的过程中，借鉴了语言学、认知心理学和神经科学多门学科的研究路径和经验，亦成为语言学、翻译学、认知科学等学科的研究热点，同时也成为探索人类认知发展的重要途径。本书立足于交替传译中的信息加工过程，探究信息加工过程中出现的信息缺失现象，拓宽了信息加工研究的维度，研究的成果可以进一步丰富和发展口译理论的研究。

其次，为信息加工研究提供了新的研究思路和方法。本书采用实验法、问卷调查为主，有提示回忆、半结构访谈和反思日志为辅的混合研究路径。既通过量化研究工具获取研究数据，又通过多种质化研究工具的使用来对研究的结论进行三角验证。本书的模拟交替传译实验和问卷调查提供了充分的数据支撑，其他三种质化研究方法的使用从不同的维度补充对研究问题的描述。多样化的研究方法既保证了研究结论的可信度,也能够为进一步的信息加工研究提供新的思路。

最后,加强口译理论研究与口译教学实践之间的结合。作为一门实践性极强的学科,口译一直以来在人类的生活实践中都发挥着重大的作用。对于口译理论和口译现象的研究可以进一步促进人类实践的发展。本书在研究的过程中充分梳理和回顾口译理论和相关学科的理论和实证研究的脉络,可以加深对口译理论的理解和认识。同时本研究的结论和成果应用于口译教学和口译实践,可以进一步促进口译理论、口译实践和口译教学的有机结合。将口译现象置于口译研究的广阔背景,透过口译现象发现实质,对于口译实践和口译教学的发展都将起到积极的促进作用。同时,研究的结果也能够促进学生译员在口译能力方面的提高,所以具有较高的实践价值。

三、本书的局限性

本书以翻译专业硕士学生译员和职业译员为研究对象,探讨了在英汉交替传译的过程中信息的缺失问题。虽然本书能够在一定程度上描述学生译员进行交替传译的过程中出现的信息加工的状况、也较为深入地探讨了影响其信息加工的要素,但是仍然存在以下局限性:

首先,研究样本有待扩大。研究对象的选择上,本书选取了两所大学的翻译专业硕士(口译方向)32名学生译员和5名职业译员。虽然在样本的分布上也比较均衡,有一定的代表意义,但总的来说，样本的数量还比较少，可能无法展示全貌。因此，希望在后续的研究中能够继续扩大样本的数量，以期更为全面、真实地揭示口译现象和实质。

其次，研究方法上有进一步改进的空间。从研究工具上来看，本研究主要是使用了五种研究工具，分别为实验法、调查问卷、有提示回忆法、自评报告撰写和半结构访谈。虽然这样的方式可以有效地进行三角验证，能够比较有针对性地解决研究问题，但是由于笔者的自身科研能力的局限，研究方法的精准使用，还尚有待提高。例如，问卷调查的设计比较粗糙，应该设定项目信度和效度更好的调查问卷，以更为精准地解决和反应现象、解决研究问题。这样才能够使研究者对于学生译员在进行英汉交替传译的过程中所出现的信息缺失现象，有更为准确的把握和更为深刻的认识，也能够进一步促进研究的发展和教学的改革。

再次，本书实验所采用的语料为录音形式。而录音材料，只提供语音链刺激，却不能显示表情、手势、体态、图表、会议进程等副语言信息。而这些信息的缺失有时会严重影响译员的理解与表达（张吉良、高彬，2014）。因此，本实验中所采用的语料虽然为真实会议语料，但仍然由于缺乏视频等副语言信息，而无法真实还原会议口译的场景，会在一定程度上影响研究结果的准确性。也正是由于这一点，本书将焦点聚于信息缺失现象中的言语信息的缺失，相对缩小的研究焦点无疑会对研究结果产生一定的影响。

最后，对于本书中所使用的信息单元划分的方法，也可以进一步改进。本书结合了蔡小红和杨承淑对信息单元的划分方法。但是口译活动具有极强的即时性和现场性，又由于本书所使用的语料自身的特点，导致有些信息单元的划分可能不是完全符合信息层级和信息结构的标准。因此，在后续的研究中可以进一步优化信息单元的划分标准。

四、对未来研究的启示

当前的口译研究正在向着跨学科、程度更高、研究手段更为丰富多样的方向发展。而且，有很多关于口译信息处理和信息加工方面的研究。所以未来的实证研究应该尽可能注入更多的考察因素，例如本书主要考察的是信息的缺失现象，在未来的研究中可以加入其他的信息加工要素的情况，同时也可以进一步丰富信息加工和处理方面研究的手段，例如现场观察法。并且在条件允许的情况下，增加研究的数量、扩大样本的范围、改善评估的手段。

再者，本书是以英汉交替传译为例探究信息缺失的现象，这主要是考虑语言组合方向对口译效果的影响。但是毕竟英汉交替传译这一语言组合方向的规律，不能完全解释相反语言组合方向的规律。因此，后续的研究也可以在相反的语言组合方向，甚至是其他语言组合中展开。

最后，本书的目的之一是为口译教学提供启示和参考，因此本研究的问题之三，即译员在遇到信息缺失的情况下如何进行应对或者说补偿应该是研究的重点之一。而且在这一过程中，最能够提供有说服力的数据的应该是职业译员的现身说法。但是在研究的过程中，由于职业译员的时间难以协调，最后只有一名职业译员参加了译后访谈并提出了自己的观点。如果在时间和条件都允许的情况下，能够邀请到更多的职业译员参与研究，分享其在这方面的看法和做法，就会更有说服力和指导性。

参考文献

[1] E. Angelone, M. Ehrensberger-Dow & G. Massey, "Cognitive Process", in C. V. Angelelli & B. J. Baer (eds.), *Researching Translation and Interpreting*, London/New York: Routledge, 2016.

[2] Mona Baker, *In Other Words: A Coursebook on Translation*, London/New York: Routledge, 1992.

[3] K.M. Berry, "Collecting Data by In-depth Interviewing", British Educational Research Association Annual Conference, 1999.

[4] Laura Bertone, *The Hidden Side of Babel: Unveiling Cognition, Intelligence and Sense through Simultaneous Interpretation*, Beijing: Foreign Language Teaching and Research Press, 2008.

[5] W. R. Borg, J. P. Gall & M. D. Gall, *Applying Educational Research: A Practical Guide*, New York: Longman, 1993.

[6] Eve Clark & Herbert Clark, *Psychology and Language*, New York: Harcourt Brace Jovanovich, 1977.

[7] A.D. Cohen, & C. Hosenfeld, "Some Uses of Mentalistic Data in Second Language Research", *Language Learning*, Vol.2, 1981.

[8] J. Creswell, *Research Design: Qualitative, Quantitative and Mixed Methods Approaches*, Thousand oaks: Sage, 2013.

[9] K. A. Ericsson & H. A. Simon, *Protocol Analysis: Verbal Report as Data*, Cambridge: MIT Press, 1984.

[11] Gass M. Susan & Alison Mackey, *Data Elicitation for Second and Foreign Language Research*, Beijing: Foreign Language Teaching and Research Press, 2012.

[12] D. Gerver, "Empirical Studies of Simultaneous Interpretation: A Review and a Model", in Brislin (eds.), *Translation: Applications and Research*, New York: Gardiner Press, 1976.

[13] D. Gerver, "Aspects of Simultaneous Interpretation and Human Information Processing", Oxford: University of Oxford, 1971.

[14] D. Gile, "Opening up in Interpretation Studies", in S. Mary, F. Pochhacker & K. Kaindle (eds.), *Translation Studies: An Interdiscipline*, Amsterdam and Philadelphia: John Benjamins Publishing Company. 1994.

[15] D. Gile, *Basic Concepts and Models for Interpreter and Translator Training*, Amsterdam and Philadelphia: John Benjamins Publishing Company, 1995.

[16] D. Gile, *Basic Concepts and Models for Interpreter and Translator Training* (Revised Edition), Shanghai: Shanghai Foreign Language Education Press, 2011.

[17] Sandra Hale & Napier Jemina, *Research Methods in Interpreting: A Practical Resource*, London & New York: Bloomsbury, 2013.

[18] Basil Hatim & Ian Mason, *Discourse and the Translator*, London: Longman, 1990.

[19] J. Herbert, *Interpreter's Handbook: How to Become a Conference Interpreter*, Geneva: Georg, 1952.

[20] Sander Hervey & Ian Higgins, *Thinking Translation: A Course in Translation Method: French-English*, London: Routledge, 1992.

[21] G. Hitchcock & D. Hughes, *Research and the Teacher*, London: Routledge, 1989.

[22] J. S. Holmes, "The Name and Nature of Translation Studies", in J. S. Holmes (ed.), *Translated! Papers on Literary Translation and Translation Studies*, Amsterdam: Rdopi, 1994.

[23] Roderick Jones, *Conference Interpreting Explained*, Shanghai: Shanghai Foreign Language Education Press, 2008.

[24] D. Kahneman, *Attention and Effort*, Englewood: Prentice Hall, 1973.

[25] S. Kalina, "Interpreting Competences as a Basis and a Goal for Teaching", *The Interpreting Newsletter*, Vol.10, 2001.

[26] Ingrid Kurz, "Conference Interpretation: Expectations of Different User Groups", in F. Pochhacker & M. Shlesinger (eds.), *The Interpreting Studies Reader*, London/New York: Routledge, 1993.

[27] Sylvie Lambert, "Information Processing Among Conference Interpreters: A Test of the Depth-of-Processing Hypothesis", *Meta*, Vol.3, 1988.

[28] D. Li, "Trustworthiness of Think-aloud Protocols in the Study of Translation Process", *International Journal of Applied Linguistics*, Vol.3, 2014.

[29] J. Mackintosh, "A Review of Conference Interpretation: Practice and Training", *Target*, Vol.1, 1995.

[30] B. Moser-Mercer, "Simultaneous Interpretation: A Hypothetical Model and Its Practical Application", in D. Gerver & H. W. Sinaiko (eds), *Language Interpretation and Communication*, New York/London: Plenum, 1978.

[31] B. Moser-Mercer, "Process Models in Simultaneous Interpretation", in H. Christa & S. Heizmann(eds), *Machine Translation and Translation Theory*, Berlin: Walter de Gruyter GmbH & Co., 1997.

[32] Peter Newmark, *A Textbook of Translation*, Englewood: Prentice Hall, 1987.

[33] E.A. Nida & Chr. R. Taber, *The Theory and Practice of Translation*, Leiden: E.J. Brill, 1969.

[34] James Nolan, *Interpretation: Techniques and Exercises*, Shanghai: Shanghai Foreign Language Education Press, 2008.

[35] D. Nunan, *Research Methods in Language Learning*, Cambridge: Cambridge University Press, 1992.

[36] F. Pochhacker, "Simultaneous Interpretation: 'Cultural transfer' or 'Voice-over text'?", in M. Snell-Hornby, F. Pochhacker & K. Kaindl (eds.), *Translation Studies: An Interdiscipline*, Amsterdam/Philadelphia: John Benjamins, 1994.

[37] F. Pochhacker, *Introducing Interpreting Studies*, London & New York: Routledge, 2004.

[38] F. Pochhacker, " From Operation to Action: Process Orientation in Interpreting Studies", *Meta*, Vol.2, 2005.

[39] F. Pochhacker, *Introducing Interpreting Studies*, Beijing: Foreign Language Teaching and Research Press, 2010.

[40] J. Richard, J. Platt & P. Heidi, *Longman Dictionary of Language Teaching & Applied Linguistics*, Beijing: Foreign Language Teaching and Research Press, 2000.

[41] G. Saldanha & S. O'Brien, *Research Methodologies in Translation Studies*, London & New York: Routledge, 2013.

[42] Robin Setton, *Simultaneous Interpretation: A Cognitive-Pragmatic Analysis*, Amsterdam/Philadelphia: John Benjamins Publishing Company, 1999.

[43] Robin Setton & Andrew Dawrant, *Conference Interpreting: A Trainer's Guide*, Amsterdam/Philadelphia: John Benjamins Publishing Company, 2015.

[44] D. Seleskovitch, *Interpreting for International Conferences*, Stephanie Dailey & Eric McMillan (trans.), Washington: Pon and Booth, 1978.

[45] D. Seleskovitch & M. Lederer, *Interpreter Training*, Paris: Didier Erudition, 1984.

[46] W. H. Seliger & E. Shohamy, *Second Language Research Methods*, Oxford: Oxford University Press, 1989.

[47] C. E. Shannon, "A Mathematical Theory of Communication", *Bell System Technical Journal*, Vol.3, 1948.

[48] J. Willims, & A. Chesterman, *The Map: A Beginner's Guide to Doing Research in Translation Studies*, London & New York: Routledge, 2002.

[49] [苏]巴尔胡达罗夫:《语言与翻译》,蔡毅等译,中国对外翻译出版公司1985年版。

[50] 鲍刚:《口译理论概述》,中国出版集团2011年版。

[51] 蔡小红:《口译评估》,中国出版集团2007年版。

[52] 蔡小红、方凡泉:《论口译的质量与效果评估》,载《外语与外语教学》,2003年第3期。

[53] 柴明颎:《对专业翻译教学构建的思考——现状、问题和对策》,载《中国翻译》,2010年第1期。

[54] 常世儒:《口译中的释意与等效》,载《外语与外语教学》,2008年第4期。

[55] 陈吉荣:《一部有探索精神的力作——评翻译补偿研究》,载《中国翻译》,2008年第2期。

[56] 陈菁、符荣波:《国内外语料库口译研究发展(1998—2012)》,载《中国翻译》,2014年第1期。

[57] 谌莉文:《口译思维过程中的意义协商概念整合研究》,

上海外国语大学博士学位论文，2011年。

[58] 陈晓春：《口译中的文化缺失及其补偿模式》，载《集美大学学报（哲学社会科学版）》，2006年第12期。

[59] 褚雅芸：《也谈典故翻译中的欠额补偿》，载《中国翻译》，2000年第4期。

[60] [美] 约翰·W.克雷斯威尔：《研究设计与写作指导：定性、定量与混合研究的路径》，崔延强译，重庆大学出版社2007年版。

[61] 樊继群：《商务口译中信息流失的生态补偿》，载《重庆科技学院学报（社会科学版）》，2015年第11期。

[62] 樊继群、张亲青：《地方文化外宣口译中信息流失的补偿》，载《沈阳建筑大学学报（社会科学版）》，2016年第2期。

[63] 傅晓玲：《多模态话语信息加工的认知负荷研究》，载《外语教学》，2014年第9期。

[64] 高彬：《口译信息加工模型的构建与研究方法》，载《外语教学》，2014第11期。

[65] 龚龙生：《顺应论与口译研究》，北京师范大学出版社2011年版。

[66] 龚锐：《笔译过程中的译语方向性研究——基于专业译员中译英及英译中表现比较的实证研究》，上海外国语大学博士学位论文，2014年。

[67] 胡开宝、陶庆：《汉英会议口译语料库的创建与应用研究》，载《中国翻译》，2010年第5期。

[68] 黄子安：《英汉同传源语材料难度分级量化指标实证研究》，北京外国语大学硕士学位论文，2017年。

[69] [法] 勒代雷:《释意学派口笔译理论》,刘和平译,中国对外翻译出版公司2002年版。

[70] 乐金声:《欠额翻译与文化补偿》,载《中国翻译》,1999年第2期。

[71] 栗长江、安翠丽:《公安术语汉译英补偿策略》,载《中国翻译》,2013年第5期。.

[72] 黎难秋:《中国科学翻译史》,中国科学技术大学出版社2006年版。

[73] 李洁:《口译中的文化差异及其补偿》,载《江西理工大学学报》,2009年第11期。

[74] 李新:《陪同口译中的文化缺失补偿》,载《华北电力大学学报(社会科学版)》,2015年第8期。

[75] 李玉英、胡勇:《论信息型文本的翻译补偿策略》,载《赣南师范学院学报》,2012年第2期。

[76] 李运兴:《语篇翻译引论》,中国对外翻译出版公司2000年版。

[77] 李芝莉:《谈变通与补偿技巧在口译中运用的原则》,载《齐齐哈尔高等师范专科学校学报》,2007年第4期。

[78] 刘和平:《口译理论研究成果与趋势浅析》,载《中国翻译》,2005年第4期。

[79] 刘和平:《口译认知研究:同声传译与工作记忆的关系》,外语教学与研究出版社2011年版。

[80] 刘敏华:《逐步口译与笔记:理论、实践与教学》,书林出版有限公司2008年版。

[81] 刘树森:《翻译补偿》,见林煌天主编:《中国翻译词典》,湖北教育出版社1997年版。

[82] 刘艳红:《翻译补偿研究现状分析及不同层面的翻译补偿》,载《内蒙古农业大学学报(社会科学版)》,2010年第5期。

[83] 卢信朝:《英汉口译技能:听辨》,北京语言大学出版社2012年版。

[84] 吕公礼:《语言信息新论》,中国社会科学出版社2007年版。

[85] 马红军:《翻译补偿手段的分类与应用》,载《外语与外语教学》,2003年第10期。

[86] 穆雷、王斌华:《国内口译研究的发展及研究走向》,载《中国翻译》,2009年第4期。

[87] 穆雷、王巍巍、许艺:《中国口译博士论文研究的现状、问题与思考(1997—2014)》,载《外国语》,2014年第3期。

[88] 秦晓晴:《外语教学问卷调查法》,外语教学与研究出版社2011年版。

[89] 任文:《联络口译过程中译员的主体性意识研究》,外语教学与研究出版社2010年版。

[90] 苏伟:《本科阶段口译能力发展途径研究——一项基于部分翻译本科专业试点院校的实证研究》,上海外国语大学博士学位论文,2011年。

[91] 谭载喜编译:《奈达论翻译》,中国对外翻译出版公司1984年版。

[92] 王斌华:《"口译能力"评估和"译员能力"评估——口

译的客观评估模式初探》,载《外语界》,2007年第3期。

[93] 王斌华:《口译规范描写及其应用——基于现场较大规模语料的分析》,外语教学与研究出版社2013年版。

[94] 王恩冕:《翻译补偿法初探》,载《中国翻译》,1998年第2期。

[95] 王德春、陈晨:《现代修辞学》,江西教育出版社1989年版。

[96] 王建华:《口译心理学》,外文出版社2013年版。

[97] 王建华:《英汉口译记忆的认知心理学研究》,外文出版社2009年版。

[98] 王绍祥:《同声传译补偿机制管窥》,载《南华大学学报(社会科学版)》,2007年第5期。

[99] 王晓:《不同专业信息密度下认知补充与口译表现的关系》,上海外国语大学硕士学位论文,2014年。

[100] 王英:《口译中信息缺失的出现及应对策略》,载《广东培正学院学报》,2011年第3期。

[101] 魏家海:《同声传译中信息流失及应变策略》,载《北京航空航天大学学报》,2007年第3期。

[102] 邬焜:《哲学信息论要略》,载《人文杂志》,1985年第1期。

[103] 邬焜:《信息哲学——理论、体系、方法》,商务印书馆2003年版。

[104] 谢天振、何绍斌:《简明中西翻译简史》,外语教学与研究出版社2013年版。

[105] 熊学亮:《从信息质量看语用认知模型》,载《外国语》,1994年第3期。

[106] 徐海铭:《汉英交替传译活动中的口译停顿现象实证研究——国际会议职业口译受训译员为例》,载《外语研究》,2010年第1期。

[107] 徐翰、许丽芹:《口译中的信息差及其调控策略》,载《南昌大学学报》,2010年第3期。

[108] 徐宪光:《言语交流中的信息差及其调控策略》,上海外国语大学博士学位论文,1994年。

[109] 许明:《西方口译认知研究概述》,载《中国翻译》,2008年第1期。

[110] 许渊冲:《翻译中的几对矛盾》,见罗新璋编:《翻译论集》,商务印书馆1984年版。

[111] [法]塞莱斯科维奇、[法]勒代雷:《口译训练指南》,闫素伟、邵炜译,中国对外翻译出版公司2007年版。

[112] 闫怡恂:《汉英口译中的文化缺省:问题与对策》,载《大连理工大学学报(社会科学版)》,2009年第9期。

[113] 杨承淑:《口译教学与研究》,中国对外翻译出版公司2006年版。

[114] 杨承淑:《口译的信息处理过程研究》,南开大学出版社2010年版。

[115] 杨柳燕:《交替传译学习者英语口译产出的流利性发展研究》,上海外国语大学博士学位论文,2012年。

[116] 杨鲁新、王素娥、常海潮、盛静:《应用语言学中的质

性研究与分析》,外语教学与研究出版社2016年版。

[117] 杨明:《文化因素与英汉语用差异》,见杨自俭:《英汉语比较与翻译》,上海外语教育出版社2000年版。

[118] 虞文婷:《交替传译中自我监控机制与自我修正模式研究——基于学生口译考试的语料分析》,上海外国语大学博士学位论文,2012年。

[119] 原蓉洁:《交替传译中语篇篇结构对原语语篇难度的影响研究——以英汉交传为例》,上海外国语大学博士学位论文,2017年。

[120] 曾祥宏、习海羽:《翻译补偿层面研究》,载《东北师大学报(哲学社会科学版)》,2014年第1期。

[121] 詹成:《政治场域中口译员的调控角色》,外语教学与研究出版社2014年版。

[122] 张吉良、柴明颎:《国外口译专业概况及其对我国口译办学的启示》,载《解放军外国语学院学报》,2008年第11期。

[123] 张吉良:《巴黎释意学派口译过程三角模型研究》,载《外语教学理论与实践》,2011年第2期。

[124] 张吉良、高彬:《翻译专业交传、同传训练的视频与料库建设》,载《中国翻译》,2014年第5期。

[125] 张威:《中西口译研究的差异分析》,载《语言与文化》,2008年第3期。

[126] 张威:《口译认知研究:同声传译与工作记忆的关系》,外语教学与研究出版社2011年版。

[127] 张威:《口译认知加工机制的理论述评》,载《天津外

国语大学学报》,2013年第1期。

[128] 郑新民、王玉山:《如何在外语教育研究中科学的使用调查法——基于我国外语类SSCI期刊2008至2013年度的分析》,载《外语电化教学》,2014年第4期。

[129] 仲伟合:《口译教学刍议》,载《中国翻译》,1998年第5期。

[130] 仲伟合等:《口译研究方法论》,外语教学与研究出版社2012年版。

[131] 仲伟合、邓婕:《从认知角度看专业技术领域汉英同传中的信息缺失》,载《当代外语研究》,2014年第1期。

[132] 周丹丹、郭欣琳:《英语专业高年级学生汉英口译中词汇补偿策略的使用研究》,载《中国外语》,2014年第7期。

[133] 周青:《口译中的文化缺位补偿》,载《合肥学院学报(社会科学版)》,2007年第11期。

[134] 邹德艳:《交替传译工作记忆能力的差异研究——以初级和高级口译学习者为例》,上海外国语大学博士学位论文,2015年。

附 录

附录1 实验材料源语讲话稿

第一段：（2分6秒）

Well, Nihao. // I guess that is all today. That is all I can say. // But I hope to do better with my Chinese. // This is my second visit to Shanghai. // I was here this time last year for our annual customer event and we are carrying out the same event tomorrow. // And I think we have an excellent turnout and now we are very excited to see a lot of our customers here as we continue to grow our business in China. // You know we are here to launch, to announce a major new ERP solution for business. // Not just for business here in China, but for businesses globally. // We are very excited about what we have achieved with our product strategy and with our new EPICOR ERP offering, // which is the convergence of a number of our previous products to create one single new solution for the market.// That is what we are going to talk to you for the rest of today.// You know it is easier at this point in time to talk about new businesses growth, // but at the same time what's happening in the world market which we know are perhaps more connected these days than we like them to be, // is that the current financial or economic status of global market is in disarray.//But at the same time EPICOR believes that this is exactly the right time for forward-looking companies to be investing in IT. // Now we know as well as EPICOR that IT budgets have started to get a little bit smaller because of the current economic state of the market, //but at the same time they haven't stopped completely.// Companies are just looking more closely at individual IT expenditure, // thank you, and making sure that they can justify each IT project investment, to ensure that it is at real value back to the business.//

第二段：（1分46秒）

EPICOR solutions have always appealed to innovative companies, businesses that believe investing in information technology to help grow with, // we call those world-class companies. // They like to use modern technology even during downmarket to help them grow their business profitably and get competitive success. // When you look at return on investment from IT initiatives,//what you will see is that world-class companies will invest five times more than what we call medium businesses in terms of IT, // then far more likely to make use of centralized services or shared services components in order to keep their administrative costs down,//and three more times likely as well to develop the centers of excellence to provide businesses in size back to their user population.// Business doesn't stop just because there is a credit crisis in the world, // and what you will see in terms of world-class corporations although they increased their spending in IT even in down market.// They actually do that by reducing or managing their costs in the areas of finance, in the areas of human resources, and in the areas of just general business procurement.// They managed to get savings anyway in the region of 51%, you know 10% of 51%, in each of those general administrative areas.// But at the same time they continued to invest in IT as a business enabler.//

第三段：（2分16秒）

And you know this is the recent research from Gartner Group, one of the analysts that provide industries statistics,// and this research points out that there's been a lot of success in major IT projects, // a lot of investment in IT projects. // It is the second highest here on around 60% of projects success next to new product to service introductions, // which itself requires a lot of information technology to help it to be successful.//So I think world-class companies are seeing that project success rate in IT are paying for themselves.// And therefore they are worth thinking.// EPICOR has a product strategy that we put in place some eight years ago now,// which we call protect, extent, converge.// And we have been executing to this product strategy for, you now, for many years now. // It's an important strategy for our customers, //and is also an important vision(reason) for that was world—class organizations that look to use IT to get competitive advantage. //Our strategy is about ensuring that our customers, whatever industry they are in, weather manufacturing, or distribution, or hospitality, or services, // are protected on the investments // that they made on enterprise resource planning software. // We are a multi-product software company. // We provide software solutions for different industries. // But whatever products our customers buy from us,//we ensure that they are protected, // and they are looked after for as long as it makes sense for them to be running that software.// At the same time, we extend that the investment,// by looking at how we can build single new solutions that answer specific challenges, and then making the single solution available across all of our product lines.// We call that our extended component. // And that's helping customers who made significant investments in ERP software get more out of that investment, // as they face new challenges and as new opportunities present themselves to them to maximize their businesses.//

第四段：（1分52秒）

For the rest of his presentation I want to talk to you about our convergence, part of our project strategy. // Because this is the thing we have been working on for the last five years now.// It is taking best of all our EPICA ERP applications and bringing them together, to create a new super set solution that answers the needs of all our customers worldwide.//It is more than just a convergence solution,//because we absolutely believe that it changes the game for business. // Because it introduces a whole new serious of capabilities that doesn't exist in any other enterprise or business software today.// And that's why we think is going to be so unique in terms of what it can do for the market. // This is perhaps the best way to explain what it is that we have then at EPICA with our new EPICOR ERP solution. // If you think of, you know, the advent of enterprise resource planning software,// it began in the 70, in the 1970s as mainframe-based manufacturing resource planning software.// And then in the 90s, it's through the introduction of Gartner Group called ERP,// which was based on client server-based computing concepts.But to be honest, ERP software hasn't changed since then, // 15 years have gone by, and ERP software hasn't changed. // The tools people use today social networking, ubiquitous mobility, you know, mobile devices, all these things are a far cry from the humble PC of the 90s. //

第五段：（1分48秒）

Today we all carry out a business online in real time. // And the business is globally connected all the time. // You know, these mobile devices, the tools that we use in our day to day lives, the information hungry global economy, you can call it that, is changing the way that we work.//And what EPICOR has done with our new solution, // is we have changed our ERP by lifting it back up and are making it a part of the world that we all leave you in today.// So one of the things that we've seen happen, // which we've taken very much into the way that we've designed to our new ERP solution for business,//is the customization of IT. We all know you only have to look at China and the increase in the Internet usage, in the last 12 months, in the last 24 months, has outstripped any other country in the world. // Everybody is getting online and working online.// A company's employees, the infrastructure that company has in place to have those employees work more productively, more collaboratively. // And the whole company's business model demands a different type of business software.// When you go up onto a business to customer website and you make a purchase, // you didn't have to be told how to use that software, you just knew.// it is what we call self-evident application. // What EPICOR is trying to do with enterprise resource planning software, // is making that product more self-evident in the way that they work,//so that a broader group of users get better value out of them using modern consumer web techniques.//

附录2　实验材料参考译文

第一段：你好，这是我现在所能说的所有的中文了，当然我非常希望我的中文能有更大的进步。这是我第二次来上海。去年这个时候，我来上海参加我们的年度客户会议。明天我们将再次举行年度客户会议。我看我们今天会议的出席状况非常好。我们在中国的业务持续增长，所以今天看到这么多客户参加会议，我们感到非常兴奋。你们知道，我们今天举行这个会议，是要推出强大的新款 ERP 商业解决方案。这一新款是为包括中国在内的全球商业所打造的。令我们非常兴奋的是，我们成功推行了我们的产品战略，推出了新款 EPICOR ERP。该款 ERP 通过整合以前推出的多款产品，为市场打造了一套全新的解决方案。我们今天要和大家介绍的就是这一解决方案。此时此刻，谈谈新的商业发展并不难。但是在全球市场联系更加紧密，或许过于紧密的今天，国际经济、金融领域一片混乱。然而 EPICOR 相信眼下也正是有远见的公司投资信息技术的最好时机。可我们 EPICOR 也知道由于目前的经济危机，公司的信息技术预算开始有所下降。但是这些公司也没有完全停止信息技术投资，他们只是更加谨慎地对待每一笔信息技术投入，确保每个信息技术项目投资都非常合理，都能够确实给公司带来价值。

第二段：EPICOR 的解决方案，总是受到创新型公司的青睐，就是那些相信投资信息技术可以推动企业成长的公司。我们把这些公司叫做世界一流的公司。他们喜欢运用现代技术，哪怕是在市场不景气时，来增加盈利、保持竞争优势。如果你看看信息技术投资的投资回报，你会发现世界一流的公司在信息技术方面的投入，比中等公司的要高五倍。世界一流的公司更可能运用中央服务或者共享服务模块来保持较低的管理成本。此外，他们开发卓越系统，为员工提供商务分析的可能性比中等公司的要高三倍。公司的发展不会仅仅因为世界信贷危机而止步。世界一流的公司会怎么做呢？虽然他们增加信息技术投入，哪怕是在市场低迷时，但他们其实是通过降低或管理好其在财务、人力资源以及总的商业采购上的成本来做到的。他们能够在每个总的管理领域节省百分之十左右的成本，从而能够节省共约百分之五十一的成本。同时他们不断增加信息技术投资，来推动企业发展。

第三段：这是行业数据统计专家Gartner公司最近所做的研究。研究表明，企业的信息技术项目没资较多，则投资大项目的投资成功率高。其成功率约为60%，名列第二，仅次于新产品和新服务的投资成功率。而新产品和新服务投资，要想取得成功，本身就需要借助于信息技术技术。所以我想世界一流的公司也看到了信息技术项目的回报不菲。因此信息技术投资值得考虑。八年前EPICOR开始推行这一产品策略：保护、拓展、整合。这一产品策略我们已经推行好几年了，这一策略对我们的客户非常重要。对那些希望通过信息技术来提升竞争力的世界一流机构来说，更是一个美好愿景。我们的策略就是无论我们的客户来自哪个行业，无论是生产性企业还是销售公司，无论他们是做酒店还是其他服务业，我们都可以确保他们在企业资源规划软件方面的投资受到保护。我们是一家为多个行业提供多种解决方案的软件公司。但是无论客户购买了我们的哪种产品，只要他们认为使用我们的软件对他们有帮助,我们都一定会保护他们、关照他们。同时,我们还为客户的投资提供拓展,即开发能应对各种特殊要求的全新单项解决方案,并且把这些单项解决方案推广到我们所有的产品上。这就是我们的拓展策略。通过这一策略,我们帮助给 ERP 软件进行过较大投资的客户,在面临新挑战、新机遇时能有所收益,并实现利润最大化。

  第四段:我接下来的演讲会谈谈我们的整合策略。过去五年来我们一直致力于推行这一策略。整合就是把 EPICOR ERP 的各种应用中的优势功能整合到一起,从而开发出一套超级解决方案,满足我们在世界各地的客户的需求。其实这不仅仅是一套整合方案,因为我们确信这一方案会改变商业规则,因为这一方案引入了一整套今天任何其他企业管理软件所不具备的全新的功能。因此,我们觉得这一新款 EPICOR ERP 解决方案非常独特,功能非常强大。这一方案或许对我们 EPICOR 公司的努力作了最好的阐释。说到企业资源规划的出现,它是出现于20世纪70年代。当时是基于主要架构的一种生产资源规划软件。后来到了20世纪90年代引入了 Gartner 公司所称的 ERP,它基于客户服务器的计算理念。但是坦诚地说,从那以后 ERP 软件并没有什么太大的变化。十五年过去了 ERP 软件并未改变。人们今天社会交往所普遍使用的各种工具,如移动设备等和20世纪90年代单纯的个人电脑相比真是巨大的发展。

  第五段:今天我们都在线实时开展商务活动,全球商务被联系到了一起。我们在日常生活中所用的这些移动设备,或者说信息,以及越来越重要的全球经济一体化正在改变我们的工作方式。我们的 EPICOR 新款解决方案提升了 ERP 的功能，将它融入我们今天生活的世界。因此我们在设计新款 ERP 方案时，特别考虑到了 IT 的消费化。我们只要看看中国，就会发现过去一两年来的网络使用的增长超过了世界上其他任何国家。每个人都在上网、在线工作。公司的员工通过利用一些基础设施提高了工作效率、加强了协作能力。于是整个公司的商业模式呼唤着一种全新的商业软件。你上 B2C 的电子商务网站购买商品时，你不用学习怎样使用购买软件就知道怎么用。我们称之为傻瓜式简便应用软件。EPICOR 目前就是设法让企业资源规划软件操作简便，以便让更多的用户通过运用现代消费网络技术，从软件使用中获得更多收益。

附录3　调查问卷

1. 你是否在课后经常做会议类讲话的英汉交替传译练习？

   A 经常做　　B 偶尔做　　C 基本不做

2. 你认为这篇讲话的难度如何？

   A 很难　　B 还可以　　C 很简单

3. 你对自己此次口译表现如何评价？

   A 很满意　　B 比较满意　　C 不满意

4. 你认为自己在这篇口译中最主要问题在哪一方面？

   A 表达不够流畅　　B 信息不够完整

   C 译法不够准确　　D 逻辑性差

5. 在刚才的口译中，你是否有信息缺失的情况？

   A 有　　B 没有

6. 如果有，你认为是什么原因造成的？（多选）

   A 讲话信息的密集度　　B 发言人口音

   C 发言人的语速　　D 讲话的内容

   E 其他（请具体写出）

7. 如果你在口译的过程中漏掉了信息，通常会是哪一类信息？（多选）

   A 语篇相关信息　　B 情景相关信息

   C 主题相关信息　　D 世界相关信息

8. 你认为可以通过何种方法减少信息缺失？（多选）

   A 充分的准备　　B 扩大词汇量

   C 提高听力水平　　D 加强口译技巧训练

9. 你认为自己在平常口译练习中最大的问题是什么？

10. 如果你在口译的过程中发现自己缺失了信息，通常是如何处理的？

11. 你认为判断一名译员表现是否出色的最重要的标准是什么？

如果您对本项关于口译信息处理的研究感兴趣，并愿意参与后续访谈，请留下您的联系方式，以便我们对您进行进一步访谈，谢谢。

电子邮箱：

联系电话：

附录4　语料标记符号

省略标记

□: 各种语言形式与语言信息的省略

语音标记

−: 停顿（1—2秒）

+: 较长停顿（2秒以上）

@: 填充性停顿（如汉语中的"这个""那个"或"啊""嗯"等的声音）

&: 语误

%: 语音含混不清

~: 语音拖长

$: 其他无意义声音（如咳嗽、鼓掌、纸张翻阅声等）

*: 明显换气声

语用标记

shi: 信息标记词（information marker，如汉语中的"是"）

IF: 信息焦点

〔　〕: 冗余信息

SK: 情景知识

DK: 语篇知识

TK: 主题知识

WK: 世界知识（即相关背景知识）

语法与失误

#: 语法失误

(): 一般误译

{} 较严重误译

附录5 实验材料转写加标注范例

行	序号	转写与标注
1	J1	Well, Nihao.
2	Y1	你好。
3	Z1-1	大家好。
4	I1	
5	J2	This is all I can say about Chinese.
6	Y2	这是我现在所能说的所有的中文了。
7	Z1-2	这是我唯一能说的中文了。
8	I2	
9	J3	I hope I could do better.
10	Y3	当然我很希望我的中文能更好。
11	Z1-3	我多希望我的中文能说得好一点。
12	I3	
13	J4	This is my second visit to Shanghai.
14	Y4	这是我第二次来上海。
15	Z1-4	这是我第二次来到上海。
16	I4	
17	J5	I was here this time last year for our annual customer event
18	Y5	去年这个时候，我来上海参加我们的年度客户会议，
19	Z1-5	去年的这个时候，我来到上海参加一年一度的顾客年会，
20	I5	
21	J6	and we are carrying out the same event tomorrow.
22	Y6	明天我们将再次举行年度客户会议。
23	Z1-6	明天的这个时候，我们新的顾客年会也将拉开帷幕。

续表

行	序号	转写与标注
24	I6	
25	J7	And I think we have an excellent turnout and now we are very excited to see a lot of our customers here
26	Y7	我看我们今天会议的出席状况非常好,所以今天看到这么多客户参加会议,我们感到非常兴奋,
27	Z1-7	我很高兴看到(当我们的企业在中国蓬勃发展的时候),我们拥有者越来越多的中国客户了,
28	I7	1
29	J8	as we continue to grow our business in China.
30	Y8	我们在中国的业务持续增长。
31	Z1-8	当我们的企业在中国蓬勃发展的时候。
32	I8	
33	J9	You know, we are here to launch, to announce a major new ERP solution for business.
34	Y9	你们知道,我们今天举行这个会议是要推出强大的新款ERP商业解决方案。
35	Z1-9	此行我们要宣布和发布一款新的企业ERP软件
36	I9	
37	J10	Not just for business here in China, but for businesses globally.
38	Y10	这一新款是为包括中国在内的全球商业所打造的。
39	Z1-10	这款软件不仅适用于中国的企业,也适用于全球的企业。
40	I10	

附录6 半结构访谈提纲

你好,非常感谢您帮我完成这次试验并且能够答应参加这次访谈,我会尽量简短。我们今天对您进行访谈的主要目的是想了解一下您对这次实验的感受。我们会对访谈进行录音,但是会对访谈内容保密。

第一部分:此次交替传译实践的自我评价
    (一)是否满意
    (二)自我评分
    (三)对口译材料难度评价

第二部分:交替传译实践中的信息
    (一)对口译质量的标准判断
    (二)如何看待口译中的信息

第三部分:如何应对信息缺失
    (一)实践中对信息缺失判断
    (二)自己及同行如何应对

附录7 口译质量评估表格

编号	信息忠实度	语言表达准确度	语流发布质量	策略运用的效度
A1				
A2				
A3				
A4				
A5				
A6				
A7				
A8				
A9				
A10				

附录8　学生译员自评报告范例

译员 1

一、整体语料分析

本次进行交替传译的语料是一篇关于 EPICOR 公司副总裁的演讲，演讲内容是介绍产品策略整合以及该公司发行的 EPR（企业资源国有化）软件。该语料是一篇信息技术专业性词汇较多，例如 IT initiatives, median businesses, centralized services 以及 convergence 等。虽然语速适中，140个单词每分钟，但由于其专业性词汇较多，而且发言人总会使用长难句，其内容逻辑不是很明显，例如 they are three times as well develop centers of excellence to provide business insights back to their users. 由于对该领域不够了解，而且有长难句难以理解，所以该语料对于我来说难度较大。

个人表现整体分析

由于预料内容对我个人来说难度较大，所以就翻译内容来看，简直无法直视，说出来的汉语自己在转写时也无法理解，更别说听众了。例如"明天的这个时候，我还是来到了这里"，"是已经发展的三倍"。在交传过程中，对听辨、短时记忆、笔记和产出的分配不是很合理，由听辨造成的困难导致短时记忆的负担加重，而为减轻记忆在笔记上浪费时间较多，产出时对内容的遗忘导致无法回忆起笔记所要表达的内容。这种恶性循环导致了内容的混乱。而不谈翻译内容，对口译过程中个人语速，以及话语清晰度来看，反映出了平时的水平。经过三个月的学习以及不断的改正，可以看到自己的提升。首先是心理素质的提升，即使对内容不是很了解，信息有遗漏，但是不会像开始一样无法张口说话，经过学习了诸多口以技能后，可以尽力去翻译，即使不对，也不会有断片的时候。其次是讲话的习惯，在开始时停顿总是忍不住会加一个"嗯……"，经过刻意的改正后，虽然偶尔也会停顿，但语气词已经减少了不少。最后，就是脑子转换的速度也有所提高，经过一个学期的学习，对同传和交传有了进一步的了解，知道了同传和交传之间的关系，所以在交传听音频的时候，脑子里要快速进行同传，经过不断的练习，这种技能正在潜移默化的提高着。

个人问题分析

关于个人问题的分析，我主要从四个方面分析：听辨问题，句子搭建问题，笔记问题以及分神问题。

（一）听辨问题

听辨问题在我认为是最关键的一个问题，由于英语并不是我们的母语，所以首先理解它就有困难，再加上该语料是一篇信息技术领域的演讲，所以听辨是造成交传困难的主要因素。

一些专业性词汇是主要问题，因为不熟悉该领域词汇，就会花费精力去想它是什么意思，该如何翻译，在思考的时候，往往讲话者就已经讲完了一句话，这样就导致信息的遗漏，而不熟悉甚至没见过的这个词最终也翻译不出来。例如在"We call those world-class companies."由于脑子里没有 world-class 这个词，不知道怎么记笔记，所以没有记录，导致了信息的遗漏。以及之后提到这个词还是选择性的忘记了,例如"When you look at return on investment from IT initiatives, what you will see is that world-class companies will invest five times more than what we call median businesses",在处理这句话时,由于又出现专业词汇"IT initiatives",于是又有信息遗漏,而后面的world-class companies我采取了代词"他们"回避我没听到的,而一个新概念median businesses出现,所以从译文来看,我还是选择性的遗漏了,这句话我的译文是"当我们看到这个IT行业的时候,他们的投资已经翻了五倍",很明显没有译出关键词return在经济中指的是盈利。

　　除了专业性词汇外,一些明明知道的词也出错,有的是因为误听成为别的单词,导致翻译错误,还有些单词是没有在第一时间反应出来汉语,时间浪费在思考上,而导致后一句信息丢失,还有不认识的单词往往会导致一整句话的信息都会遗漏。例如在"our annual customer event"这句中,由于把event误听为invite,听的时候很困惑,于是笔记便记作cus inv,翻译时处理作为嘉宾被邀请来上海。紧接着处理笔记中的明天时,无法做出正确的处理。本应该是明天要进行同样的事件,即一年一度的客户事件,却误译为"明天的这个时候,我还是来到了这里"。紧接着"turnout"是生单词,所以导致信息的遗漏。最后一句源语输出速度较快,当时在笔记上分配时间有点多而导致信息彻底遗漏。第二段launch这个单词没有在第一时间反应出汉语意思,处理方式采取随机应变,译作"带来了"ERP这个软件。由于对ERP这个词的翻译投入太多精神,所以忽略了ERP后面的信息

solution for business，信息遗漏。

（二）句子搭建问题

因为该语料中总会有长难句，所以句子的翻译对我造成了很大的困难，再加之对该领域内容不熟悉，长句中再加上生单词，那就是雪上加霜，必然导致信息遗漏或者信息翻译不准确。例如，"We are very excited about what we've achieved with our product strategy and with our new EPICOR EPR offering, which is convergence of a number of our previous products to create one single new solution for the market."笔记中主要记录了 strategy 和 previous，由于句子复杂，并没有记住其逻辑关系，也就没译出非限定性定语从句，整句话翻译出来意思差距很大，信息遗漏严重，译文为"关于它的一些策略以及我们之前前期的研发效果"。

除了长难句外，还有并列信息对我来说也是一大困难，因为对该领域不熟悉，对句子没有理解，再加之多个不熟悉大的并列信息同时出现，很难在笔记上全部记录，产出时除了信息遗漏外，译文的准确性也有待提高。例如"Our strategy is about ensuring that our customers, whatever what industry they're in, whether that's manufacturing or distribution, or hospitality or services, are protected on the investments that they make in enterprise resource planning software."此句并列信息太多，而且语速偏快，所以信息遗漏严重，笔记中只记录了 hos 和 serve 两个点，产出时，由于信息量多而且集中，给记忆造成很大负担，所以错把 hospitality 的 hos 理解成 hospital。译文成了"不光提供了公司的一些保障，还有了医保以及服务的保障，所以投资企业资源国有化这个软件还是值得的"。

（三）笔记问题

因为笔记在交传过程中只是辅助工具，不能把它作为主要事情来做，准确来说，笔记只能占用30%的精力，而需要把70%的精力放在听辨和对源语材料的短时记忆上。虽然知道理论上应该这么分配，但在实践过程中，总是不由得把近一半的精力放在笔记上，虽说笔记是为了减轻记忆的负担，但由于笔记耗费时间和精力较多，造成的结果是信息缺失，产出时并不能完整的表达出其原文要传达的信息。还有就是笔记废话记太多是我的笔记问题，例如"invest five times"本可以写一个数字5就行了，而我的笔记上写了"投5倍"，所以根本没听懂谁是谁的五倍。这个问题还需要不断练习改进。

（四）分神问题

虽然经过了三个月的练习，现在可以尽力控制自己边听边在脑子里进行同传，边记笔记，但这种能力还是相差甚远，只能说"革命尚未成功，仍需继续努力"。在分神过程中我最主要的问题就是听辨、翻译、笔记、还有短时记忆之间的精力分配问题，而他们三者之间又有着紧密联系，因为是同时在头脑中进行的，所以如果处理不好任何一项就会造成恶性循环，即由于听辨造成的困难导致短时记忆的负担加重，而为减轻记忆在笔记上浪费时间较多，这样就容易遗漏听到的内容。例如第三段是相对比较长的一段，所以短时记忆的强度加大，且语速也快，没有处理好短时记忆与笔记的时间分配，所以对产出造成很大影响。而笔记只记录关键词，而忘记了其逻辑关系，导致产出时不得不花费很大精力去回忆，结果无法想起，也没有正确的回忆起笔记中关键词所代表的意思，所以译文与原文差距甚远，并没有传达出讲话者的真正含义。例如，原文是"what's happening in the world markets, which we know are perhaps more connected these days than we like them to be"，笔记中记了一个"发"字，还有表示世界以及联系的符号。产出时彻底忘记了原文，便译作"就现在的发展来看，国际是与现在的联系是非常紧密的"。

另外，我觉得我的汉语表达还有问题，废话有点多。为了给自己多一些思考的余地，总是爱下意识地加"那么呢"这样的词。其实很没有必要，听起来也比较啰唆。而且有些听起来感觉有的词自己的口吃不太清晰，自己听得还有些别扭。

根据以上几个问题，我觉得自己应该在以下几个方面有所努力。首先，还是要提高自己听力水平。如果听都听不明白，还何谈记笔记和翻译了。其次，是记笔记。一定要设计出属于自己的笔记符号，并且坚持用。不要今天用 E 代表经济，明天用 E 代表教育。此外，还要继续扩充自己的单词和固定用法的储备，而且口译和笔译还不同，笔译最起码还容你想想，口译是根本不给你机会考虑，所以必须加快自己已知词汇的反应速度。同时，扩充自己的百科知识也十分必要，如果我对这篇语料的体裁非常熟悉，翻译的质量也会相对较高。

解决方案

针对以上提出的所有个人问题，主要问题是听不懂，如果讲话人讲的是汉语必然不会造成听力理解问题，所以听力是口译译员需要加强的主要方面。除了加强外语的听辨能力外，个人认为短时记忆也是交传的一个重要影响因素，该语料每隔大约30秒一个间断，也就是一次70个单词左右，内容可以说并不是很多，但每个间断后产出时几乎忘掉了三分之一的内容，因此短时记忆也是我急需提高的方面。第三个需要提高的就是扩大知识面，加强对各个领域的学习，不能仅仅局限在简单的日常英语，常用词汇。最后一点就是还需要认真学习语法知识，有时出现长难句时笔译觉得没什么障碍，但在口译时却出现了问题，说明语法知识还是不够扎实，所以还需系统的把语法进行一次透彻的学习。

通过这次的翻译训练，使我对个人的问题有了更加详细的了解，而且通过对问题的分析，我很清楚地知道了该从哪些方面进行下一步的学习提高，在之后的口译训练中会注意精力的分配，调节好各项的协调，总而言之就是还需要大量的练习。